漢字

한자, 그것이 알고 싶다

김혁 지음

漢字

신아사

프롤로그

내가 한자에 관심을 가지게 된 것은 아주 우연한 계기였다. 고등학교 시절 입시를 준비하다 언어영역 부분의 점수를 조금이라도 올리고 싶은 얕은(?) 생각에 어떤 참고서를 보던 중, 한자를 쉽게 익히는 방법을 접하게 되었다. 그 방법은 국사, 사회문화, 윤리 등 한자어가 많이 출현하는 교과서를 하루에 한 페이지씩, 한자 단어가 나오면 국어사전을 찾아 한자로 바꿔 쓰는 연습을 3개월 동안 하라는 것이었다. 하루 20분 정도만 투자하면 쉽게 할 수 있는 방법이었고, 실제로 1개월도 안 되어서 그 효과를 톡톡히 볼 수 있었다. 우리말의 대략 70%가 한자어이고 자주 사용되는 글자는 한정되어 있기 때문에, 매일 반복하여 손으로 쓰는 데 아주 자연스럽게 가장 많이 출현하는 글자부터 순서대로 머릿속에 입력되어 갔다. 독자들 가운데 한자 읽기와 쓰기가 어렵게 느껴지는 분이 있다면, 이 방법을 적극적으로 추천한다! 이러한 과정을 거치며 이상하게도 평소에 관심도 없던 한자라는 문자의 개별 글자 자원(字源)이 궁금해지기 시작했고, 한자로 이루어진 문장들의 매력에 급속도로 빠져들기 시작하였다. 개인적인 궁금증을 해소하기 위하여 시중에 나온 한자 자원과 관련된 책들을 찾아보았지만, 어린 고등학생의 지적 갈증을 속 시원히 해소해줄 수 있는 책을 찾지는 못하였다.

중국 문자에 대한 관심이 결국 전공으로 이어졌고, 중국어문학을 전공으로 대학에 진학하게 되었다. 그리고 대학교 3학년 때, 지금은 정년 퇴임하여 명예교수로 계신 공재석 선생님의 중국문자학개론이라는 강의를 듣게 되었는데, 나의 단순하고도 미천한 궁금증을 완벽하게 해소해줌과 동시에 그러한 궁금증으로부터 '연구'라는 새로운 세계로의 발돋움을 이끌어준, 운명 같은 수업이었다. 예를 들면 神(귀신 신)자에 대한 해석의 경우, 반드시 가장 이른 시기의 문자인 갑골문자에서 찾아 자원의 문제를 해결하였는데, 알고 보니 神은 나중에 만들어진 후기자(後起字)였고, '申'이라는 글자가 원래 '번개'를 상형한 것으로 의미가 확대되어 '신령', '귀신' 등의 의미를 나타냈었던 것이다. '申'에 '제사', '혼령' 등을 뜻하는 '示'자를 다시 첨부하여 의미를 강조한 '神'자가 만들어졌고 본래 의미는 또 다른 후기자인 電(번개 전)에 남아 있다는 등의 이야기는 그동안 보지 못했고, 그토록 갈급 해했던, 한자 자원에 대한 객관적이고 논리적인 명쾌한 해석이었으며, '헉'하며 감탄사가 나오게 할 정도의 지적 환희를 맛보게 하는 강의였다.

한자를 둘러싼 여러 주제 가운데, 내가 가장 알고 싶었던 것이 한자의 기원과 개별 글자들의 근원이었기 때문에, 졸업 후 곧바로 대학원에 진학하였고 연세대학교 중어중문학과에 계신 이규갑 선생님 문하에서 갑골문을 주제로 석사학위논문을 완성하였다. 그리고 상하이로 건너가 푸단대학(復旦大學)에 있는 출토문헌고문자연구센터(出土文獻與古文字硏究中心)에서 리우자오(劉釗) 선생님께 고문자학을 전공으로 박사과정을 마쳤는데, 박사학위 논문의 주제 역시 갑골문자의 자형에 관한 것이었다. 2016년 6월에 박사학위를 받고 귀국하여, 그해 9월부터 대학에서 시간강사로 교편을 잡게 되었고, 2017년 9월 학기부터 경희대학교 국제캠퍼스에서 '한자의 이해'라는 제목의 교양강의를 시작하여 현재 재직하는 경상대학교에서도 이 과목을 학부생들을 대상으로 가르치고 있다. 처음 한자의 이해라는 강의를 맡게 되었을 때, 강의 교재를 선택하는 데 있어서 여러 가지 고민을 하게 되었다. 기존에 출판된 교재를 사용할 것인가, 아니면 내가 직접 강의 노트를 만들어 학생들에게 한자라는 문자에 관하여 이야기를 구성해 나갈 것인가, 만일 내가 교재를 쓴다면 어떤 방식으로 써 내려갈 것인가. 마땅히 마음에 드는 기존의 교재를 찾기 어려웠고, 이참에 나만의 교재를 만들겠다는 결심으로 결국 힘들지만, 강의안을 하나하나 만들어 나만의 방식으로 수업을 진행하기로 하였다. 매주 유인물을 만들어 배포해주면서 동시에 강의를 이어나가느라 아주 힘들었던 기억이 난다. 최근 그간 한자의 이해를 강의하며 만들었던 노트들을 하나하나 정리하고 수정하여 책으로 출판할 계획을 하고 있었는데, 마침 신아사와 인연이 되어 이 책을 출판할 수 있게 되었다.

한자를 이해하기 위해서는 두 가지 측면에서 출발해야 한다고 생각한다. 첫째는 이론적인 측면에서 한자라는 문자의 특성, 탄생과 발전, 그리고 구성의 원리 등을 이해하는 것이다. 둘째는 실제 낱글자 하나하나를 가장 오래된 형태의 갑골문부터 글자가 만들어진 원리를 이해하며 한 글자의 스토리를 구성하여 알아가는 것이다. 이 책은 이 두 가지 측면에서 다음과 같이 구성하였다. 1부 '한자, 그것이 알고 싶다'에서는 문자란 무엇인지, 한자는 어떤 문자이고 어떻게 탄생하여 지금까지 발전되어 왔는지 등 언어를 기록한 부호로서의 한자, 그리고 한자라는 문자에 대한 역사적 배경을 위주로 설명하였다. 2부 '한자, 내시경으로 들여다보기'에서는 한자 자체의 구조와 한자 자형의 구성

원리 및 글자 분석의 방법 등 한자의 구조에 관한 이야기를 위주로 설명하였다. 3부 '한자, 자원 탐구'에서는 한자 낱글자의 자원을 어떻게 찾을 수 있는지를 서술하고, 실제 낱글자의 자원을 분석한 내용으로 글자의 자원을 쉽게 알도록 하였다. 1부와 2부의 내용은 위에서 말한 이론적인 측면의 이해를 위한 이야기라고 할 수 있고, 3부는 실제 개별 글자의 자원을 분석하는 내용이라 할 수 있다.

이 책은 기본적으로는 대학교 학부생들이 교양으로서의 한자를 이해하는 데 목적을 두었고, 나아가서는 일반 대중들 가운데 한자에 관심이 있는 사람들이 한자라는 문자를 논리적으로 쉽게 이해하는 데 목적을 두고 서술하였다. 고등학교 시절 가졌던 한자에 대한 궁금증을 해결하기 위하여 다양한 책을 찾아보는 것에서 시작하여, 대학에서 중국 문자학을 강의하고 연구하는 현재에 이르게 되었다. 이러한 궁금증이 계기가 되어 전문적인 학위과정을 거쳐 한자를 연구해온 사람으로서, 한자를 객관적이고 논리적으로 접근하여 이해하고 싶은 독자들에게 이 책을 권한다. 동시에 부족한 글쓰기 실력과 미흡한 내용구성으로 인한 문제점에 대하여도 독자들의 많은 질정(叱正)을 바란다.

처음으로 한자에 대한 개론적 성격의 교양 학술서적을 출판할 수 있게 되어 기쁜 마음에 감사를 드리지 않을 수 없다. 나를 학문의 세계로 이끌어준 고려대학교 명예교수이신 공재석 선생님, 냉혹할 정도의 학문적 엄밀함과 동시에 따뜻한 마음으로 지도해주신 연세대학교의 이규갑 선생님과 푸단대학의 리우자오 선생님, 이 세 분께 머리 숙여 감사를 드린다. 그리고 언제나 나에게 응원의 메시지를 아끼지 않으시는 단국대학교 사학과의 심재훈 선생님과 매달 중국 출토문헌과

고문자를 주제로 함께 연구하는 동아시아출토문헌연구회(http://cafe.daum.net/gomoonza)의 동도(同道)들에게도 깊은 감사를 드린다. 또한 이 책의 교정을 위해 수고를 마다하지 않고 도와준 경상대학교 대학원의 김계화 동학(同學)에게도 감사한 마음을 전한다. 마지막으로 부족한 글을 출판할 수 있도록 도움을 주신 신아사 한규갑 상무님과 편집진에게도 큰 감사를 드린다.

2020년 12월

경상대학교 인문대학 연구실에서

김 혁

목차

1부

한자, 그것이 알고 싶다

1. 문자란 무엇인가

우리가 무언가를 탐구하기 위해서는 탐구하려는 대상을 먼저 명확히 해야 한다. 따라서 한자를 정확히 알기 위하여, 먼저 문자가 무엇인지 분명하게 개념적인 정의를 내려할 필요가 있다. 즉, 무엇이 문자이고 무엇이 문자가 아닌지 구분할 수 있는 경계를 알아야하는 것이다. 간단히 말하자면 문자는 인간의 언어를 기록하는 부호체계이다.[1] 언어를 기록한다는 것은 사람의 말, 즉 기록된 부호를 눈으로 보고 해당 언어로 소리 내어 읽어낼 수 있음과 동시에 그 뜻을 해당 언어권의 사람들이 보편적으로 이해할 수 있다는 것을 전제로 한다.

문자를 정의하는데 있어서 사람들이 오해할 수 있는 소지가 있는데, 일정한 의미를 가지는 도상이나 부호도 문자라고 여기는 것이다. 예를 들어 아래 그림들을 보자.

[그림 1]

[그림 2]

[그림 3]

1 裘錫圭,『文字學概要(修訂本)』, 北京:商務印書館, 2015년, 1쪽 참고.

그림1의 두 도상은 화장실을 의미하며, 왼쪽 것은 여성전용을, 오른쪽 것은 남성전용을 나타내고 있다. 그림2는 흡연을 금한다는 의미를 나타내는 도상이다. 그림3은 비상시 대피할 수 있는 출구를 뜻하는 도상으로서, 아래 우리말 한글과 영어 알파벳으로 각각 '비상구', 'EXIT'라 표기되어 있다. 엄밀히 말하면 그림1, 그림2, 그림3은 모두 '화장실', '흡연금지', '비상구' 등의 의미만을 알 수 있도록 만들어낸 도상에 불과하지 결코 문자로 볼 수 없다. 그 이유는 각각 눈으로 보고 어떤 의미인지는 알 수 있어도, 해당 언어로 읽을 수 있는 '독음'이 없기 때문이다. 그림3의 하단에 비상구와 EXIT는 (비상구)의 의미를 정확히 전달하기 위해 덧붙인 것으로, 해당 언어권에서 교육을 받은 사람이라면 누구든지 그 부호가 나타내는 단어 비상구, EXIT를 소리 내어 읽을 수 있을 것이다. 따라서 위 세 그림은 의미가 들어 있는 도상에 불과할 뿐이며, 오직 비상구와 EXIT만이 언어를 기록한 부호체계인 '문자'라고 간주할 수 있는 것이다.

중국의 고문자(古文字)학자인 탕란(唐蘭)은 『중국문자학(中國文字學)』에서 아래와 같은 대비를 통하여 문자와 도상의 차이를 분명히 구분하였다.

[그림 4][2]

2 唐蘭, 『中國文字學』, 上海:上海古籍出版社, 2004년, 79쪽 인용.

왼쪽의 ''은 동굴에 새겨진 암각화(巖刻畵)로 한 사람이 다가오는 수사슴을 향하여 활을 쏘는 모습을 그린 것이다. ''을 통하여 사냥하는 모습을 인식하고 '사슴을 사냥하다'라는 의미를 인지할 수는 있지만, 당시의 언어와 대응되는 부호, 즉 말소리로 읽어낼 수 있는 부호인지는 알 수 없다. 즉, 독음이 있고 문장구조를 이루는 부호인지 알 수 없다는 것이다. 그런데 오른쪽의 ''은 중국의 가장 오래된 문자인 갑골문자(甲骨文字)를 나열한 것으로, '인사록(人射鹿)'으로 읽을 수 있다. 아무리 그림과 거의 유사한 형상을 하고 있더라도 정확한 독음이 있고, 문장 구조를 이루어 나열된 형태로 특정 언어를 그대로 기록하고 있으면 문자라고 할 수 있다. 의 문장 구조를 분석하면 아래와 같다.

人 射 鹿

주어 동사 목적어

'人射鹿'은 고대 중국어의 문장 구조를 갖추고 있으며 '사람이 사슴을 활로 쏜다'라는 의미를 나타낸다. 위 그림4의 대비를 통하여, 우리는 문자의 개념을 더욱 명확히 파악할 수 있다.[3]

이와 관련하여 우리나라에서 1970년에 처음 발견되고, 1973년에 학계에 보고된 울주 반구대 암각화를 생각해볼 수 있다. 이 암각화에

3 唐蘭, 『中國文字學』, 上海:上海古籍出版社, 2004년, 79쪽 참고.

는 인간상이 8점, 고래 및 물고기, 사슴, 호랑이, 멧돼지, 곰, 토끼, 여우 등의 동물이 120여점, 고래잡이하는 배와 어부들, 사냥하는 광경 등이 5점, 기타 명칭 불명의 동물이 30여점 등 150여점이 넘는 바위조각이 대대적으로 새겨져 있다.[4] 다음은 이 암각화 바위 표면에 나타나는 형상을 색을 입힌 그림으로 덧씌워 표시한 것이다.

[그림 5[5]]

위 암각화에 나타난 것들이 만일 그 당시 사람들의 말로 읽고 이해할 수 있는 부호였다면, 암각화라 부르지 않고 '암각문자'라고 불렀을 것이다. 그림 또는 특정 부호를 사용하여 의미를 전달할 수 있다고 하더라도 그림은 그림일 뿐, 언어를 기록한 부호체계인 문자와는 확

4 문명대, 「울산의 선사시대 암벽각화」, 『문화재』7호, 1973년, 50~60쪽 참고.

5 한겨레 기사, '반구대 암각화의 슬픔'(http://www.hani.co.kr/arti/culture/culture_general/599859.html

연한 구분이 필요하다. 이 책에서는 문자를 '언어를 기록한 부호체계'로 한정하고 한자라는 문자에 대하여 구체적인 이야기를 해나가도록 할 것이다.

2. 한자는 어떤 문자인가

앞에서 우리는 문자에 대한 구체적인 개념을 정의하였다. 문자는 언어를 기록한 부호체계이다. 그러므로 특정 문자의 성질을 논하기 위해서는, 반드시 특정 문자가 대응하는 해당 언어와의 관계를 기준으로 그 문자의 구체적인 성질을 구명해야 한다. 즉 문자의 기본단위가 기록하는 것이 해당 언어의 어떤 단위인가를 살펴보는 것이다. 중국인 학자 뤼슈시앙(呂叔湘)은 문자가 대응하는 언어와의 관계를 가지고 이 세계에 존재하는 문자를 유형학적으로 크게 세 가지로 분류할 수 있다고 하며 음소문자(音素文字), 음절문자(音節文字), 형태소 - 음절문자(形態素 - 音節文字)로 나누었다.[6] 뤼슈시앙의 방법론에 따르면, 문자의 기본단위란 언어의 성분과 대응하는 최소단위를 말하는데, 영문자의 기본단위는 알파벳 자모(a, b, c, d 등)이고, 한글의 기본단위는 한글 자모(ㄱ, ㄴ, ㄷ, ㄹ, ㅏ, ㅑ, ㅓ, ㅕ 등), 일본 문자의 기본단위는 가나(か, き, く, け, こ 등), 한자의 기본단위는 자(人, 木, 日, 月 등)이다.

음소문자는 영어의 알파벳과 우리말의 한글을 예로 들 수 있는데, 알파벳이나 한글은 그 언어의 음소(a, b, c, d, e, f, g / ㄱ, ㄴ, ㄷ ㄹ, ㅏ, ㅑ, ㅓ, ㅕ 등)와 대응되기 때문이다. 음절문자는 일본의 가나나 아랍어의 자모를 예로 들 수 있는데, 일본어의 가나는 か, き, く, け, こ와 같

6 呂叔湘,「漢語文的特點和當前的語文問題」,『語文近著』, 上海:教育出版社, 1987년, 142쪽 참고.

이 하나의 음절을 대표한다. 음소문자와 음절문자는 모두 해당 언어의 어음(語音)만을 나타낸다.

한자의 기본단위인 자(字)는 형(形), 음(音), 의(義) 세 가지 요소로 구성되어 있다. 예를 들어 人(사람 인)은 '人'이라는 자형(字形), '인'(rén)이라는 자음(字音), '사람'이라는 자의(字義)로 구성되어 있고, 正(바를 정)은 '正'이라는 자형, '정'(zhèng)이라는 자음, '바르다'는 자의로 구성되어 있는데, 이처럼 모든 글자가 각각 나타내는 의미(형태소 또는 단어)와 발음(음절)을 지니고 있어서 형태소-음절문자(morphemo-syllabic script/writing)라고 부른다. 예를 들어 위대(偉大)는 偉라는 형태소와 大라는 형태소로 구성되어 있다. 각 형태소는 모두 의미와 발음을 가지고 있는데, 偉는 '훌륭하다'는 의미와 '위'(wěi)라는 발음을 가지고 있고, 大는 '크다'라는 의미와 '대'(dà)라는 발음을 가지고 있다. 한자의 기본단위인 글자(字)가 기록하는 것이 형태소와 음절이기 때문에 한자를 형태소-음절문자라고 부르는 것이다.

3. 문자의 탄생, 한자의 기원에 관하여

3.1 문자 이전의 기억 보조 수단, 결승(結繩)과 서계(書契)

문자는 언어를 기록한 부호체계이다. 그렇다면 문자가 발명되기 이전에, 반드시 언어가 있었다는 것을 기본 전제로 한다. 인류가 언어를 처음 사용하기 시작한 것은 의미체계를 습득하는 두뇌와 음성체계를 구현할 수 있는 발성기관이 진화된 호모에렉투스(Homo Erectus, 직립원인)에서 호모사피엔스(Homo Sapiens, 인류)로 바뀌는 4~5만년 전 경으로 추정된다. 인간이 말소리를 만드는 데 필요한 주요기관은 후두, 입천장, 혀, 턱, 입술, 치아 등이 있다. 발성기관에 있어서 동물과 인간의 가장 큰 차이는 인간이 직립 보행을 하면서 후두의 위치가 아래로 내려오게 되는데, 구강과 인강이 이루는 공간이 여타의 동물들과는 달리 'ㄱ'자 모양을 하게 된 것이다. 이렇게 형성된 ㄱ자 관은 다른 동물들의 일자관(一字管)에 비해서 다양한 소리를 만들어 낼 수 있는 생리적인 바탕이 된다.[7] 따라서 사자, 호랑이, 개, 고양이 등 동물들이 서로 주고받는 음성체계는 매우 단순하지만, 인간이 만들어내는 말소리의 스펙트럼은 매우 광범위하다. 예를 들어 현재 한국어의 말소리 체계는 19개 자음, 21개 모음, 27개 받침으로 약 2,350개의 음절이 만들어질 수 있고, 중국어의 경우는 21개 성모, 36개 운모, 402개 음절에 성조까

7 신지영, 『말소리의 이해』, 서울: 한국문화사, 2004년, 21~26쪽 참고.

지 더하여 1300개 이상의 발음을 만들어낼 수 있다.

인류는 동물보다 훨씬 진화된 발성기관을 통하여 언어를 구사할 수 있고, 복잡한 상황을 언어를 통하여 표현해낼 수가 있다. 그러나 언어는 시간과 공간의 제약을 받는다는 한계를 가지고 있다. 서울 신촌에 있는 사람이 아무리 큰 소리로 말하여도, 부산 광안리에 있는 사람은 절대로 그 말소리를 들을 수 없는 것이 공간적 제약이다. 그리고 그 사람이 발화한 음성은 바로 그 자리에서 잠깐 들린 뒤 사라진다는 것이 시간적 제약이다. 인류 사회가 발전하면서 기억해야 할 사건이나 개념이 증가하는데, 인간 두뇌가 가지는 기억의 용량도 역시 한계가 있다. 따라서 사람들은 기억의 보조수단으로 여러 가지 방법을 사용하기 시작했는데, 대표적인 보조수단이 결승(結繩)과 서계(書契)이다.

결승은 매듭을 만들어 일정한 의미를 표시하는 수단인데, 고대 페루의 퀴푸(quipu: '매듭'이라는 뜻)가 가장 유명하다. 잉카제국은 퀴푸에 의존하여 거의 모든 행정을 처리하였다고 한다. 결승은 페루 뿐만 아니라 고대 중국, 티베트, 일본, 시베리아, 아프리카, 캘리포니아, 폴리네시아 제도에서도 사용되었다고 한다.[8] 중국의 경우 『주역(周易)』, 『장자(莊子)』, 『설문해자(說文解字)』 등의 문헌에 관련기록이 보이는데, 『주역』의 기록과 그에 대한 정현(鄭玄)의 주석에는 아래와 같이 나와 있다.

> 상고 시기 매듭을 만들어 백성을 다스렸고, 후대 성인이 그것을 바꾸어 서계로 다스렸다.
> (上古結繩而治, 後世聖人易之以書契. 『역(易)·계사(繫辭)』)

8 앨버틴 가우어, 강동일 역, 『문자의 역사』, 서울: 도서출판 새날, 1995년, 41쪽 참고.

매듭을 만들어 약정으로 삼았는데 사안이 크면 끈을 크게 묶고, 사안이 작으면 끈을 작게 묶었다.(結繩爲約, 事大, 大結其繩, 事小, 小結其繩. 정현(鄭玄)의 『주역주(周易注)』)

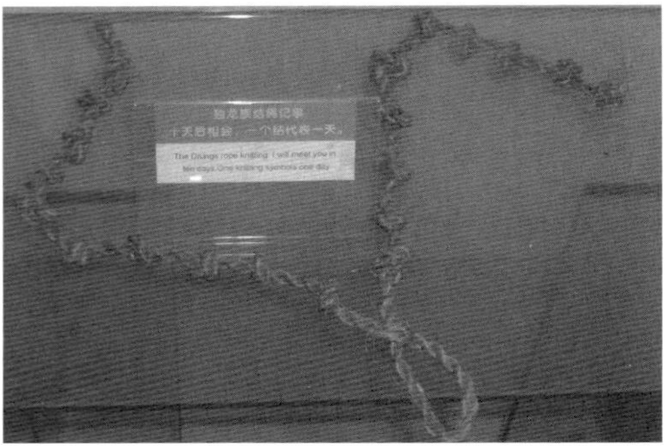

[그림 1] 결승

서계는 나무에 홈을 파서 어떤 물건의 수량을 표기하는 것으로, 부절(符節)이라고도 한다. 막대기에 눈금을 표시한 후 세로로 자르면 빌려준 사람과 빌린 사람 양쪽 모두에게 해당 금전이나 물건의 총액이 정확한 일종의 계산서가 되는 것이다. 서계 역시 중국 문헌의 기록에 보이는데, 『주례(周禮)』에 아래와 같은 내용이 나온다.

서계는 상품의 계약서를 주고받는 것이다. 그 계약서의 형상이 2개의 목간의 측면에 새긴 것과 같다.(書契取予市物之券也. 其券之象, 書兩札, 刻其側. 『주례(周禮)·질인주(質人注)』)

결승과 서계는 그야말로 기억의 보조수단으로 사용된 것일 뿐, 결코 언어를 기록한 부호체계로서의 문자라고 볼 수는 없다. 아마도 이

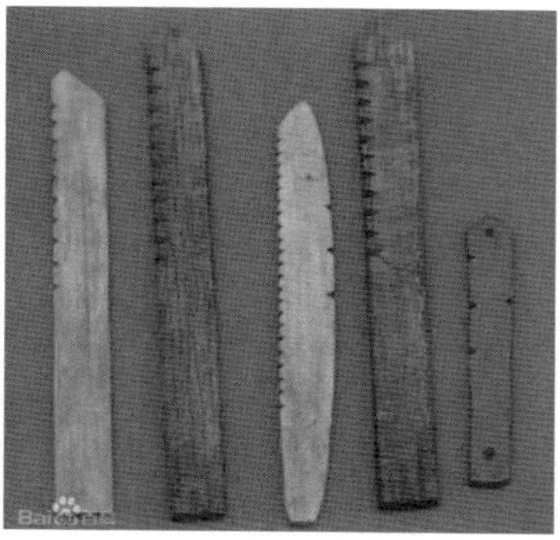

[그림 2] 서계

러한 기억의 보조수단이 오랜 기간 사용되다가, 사회가 더욱 복잡해지고, 인구의 증가 및 생산력의 증대로 지배계층과 피지배계층이 나뉘는 정치적 권력 구조가 생겨나며, 이에 따른 보다 복잡한 행정문서의 필요성이 사회적으로 크게 요구되는 어느 시점에 문자가 만들어졌을 것으로 추정된다.

3.2 한자의 기원, 창힐(蒼頡)과 도기부호(陶器符號)

한자는 처음 창힐(倉頡)이란 인물이 만들었다고 춘추전국시대의 문헌들이 전한다. 그러나 문자는 한 개인에 의해 단기간에 만들어질 수 없는 것이고, 창힐이라는 인물이 실존했는지도 불분명하기 때문에 춘추전국시대 학자들의 주장은 받아들이기 어렵다. 그 후에 사람들은 창힐이라는 인물을 신격화하게 되는데, 상고(上古)시대의 한 사람에서부터 황제(黃帝)까지, 그리고 창힐은 '어려서부터 글자를 알고 있었다'에서부터 '창힐은 네 개의 눈을 가지고 있었다'는 말까지, 그에 대한 황당한 신화들이 여러 사람들의 입을 거쳐 마치 풍선처럼 부풀려진다. 순자(荀子)는 창힐이 어려서부터 문자에 특별한 관심을 가지고 있었고, 일생을 한자와 관련된 연구에 종사하였다고 하였는데, 순자의 이러한 언급은 그나마 참고할 만할 것이다.

한자의 기원에 관하여는 아직 명확하게 밝혀진 바가 없다. 그저 고고학 발굴을 통하여 세상에 알려진 원시사회의 도상이나 부호들로 대략적인 유추를 할 수 있을 뿐이다. 위에서 언급했듯이, '문자'라면 반드시 언어를 기록할 수 있어야 하는데, 지금까지 발굴된 가장 오래된 중국 고대의 부호들은 너무나 단편적으로 출토되었다. 서안(西安) 반파(半坡) 유적지와 산동(山東) 대문구(大汶口) 문화 유적지에서 발견된 도기부호(陶器符號)들을 보자.

[그림 3] 서안 반파 도기부호[9]

[그림 4] 서안 반파 도기부호

9 裘錫圭,『文字學概要(修訂本)』, 北京: 商務印書館, 2015년, 22쪽에서 인용.

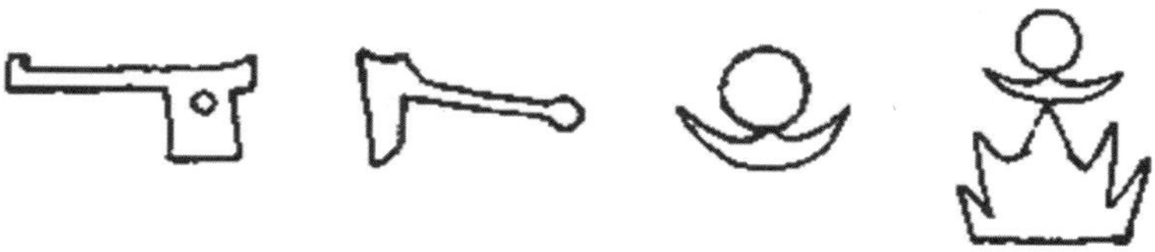

[그림 5] 대문구 도기부호[10]

[그림 6] 대문구 도기부호

그림3은 서안 반파에서 발견된 도기 파편 위에 쓰인 기하형 부호들로 대략 지금부터 6 - 7천 년 전의 유물이다. 어떤 학자들은 |은 십(十)자, ||은 이십(二十), ✕은 오(五)자, T은 시(示)자, ↓은 초(艸)자, F은 부(阜)자로 보고 있고, 어떤 학자들은 기물의 소유자나 제조자가 소유권 또는 제작과 관련한 필요에 의해 임의로 새긴 것으로 본다. 두 부류의 학자들 가운데 전자는 이러한 도기부호를 문자로 보고 있고, 후자는 문자로 보지 않는데, 필자는 후자의 견해에 동의한다. 그 이유는 이러한 부호들이 당시의 언어를 기록했다는 증거를 전혀 찾을 수 없

10 裘錫圭, 『文字學概要(修訂本)』, 北京: 商務印書館, 2015년, 25쪽에서 인용.

기 때문이다. 또한 만일 이러한 부호들이 가장 이른 시기의 한자로 인정받는 갑골문과 관련이 있다면, 분명 갑골문보다 상형성이 훨씬 농후해야 할 텐데 시(示)의 갑골문인 , 부(阜)의 갑골문인 보다 상형적 색채가 덜하다. 그림5 대문구 도기부호는 어떤 실물을 그려낸 것으로 기원전 2800－2500년의 것이다. 이러한 부호들에 대해서도 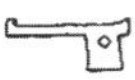은 술(戌)자, 은 근(斤)자, 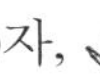과 은 경(炅)자로 해석하고 문자로 보는 학자와 그렇지 않은 학자가 있는데, 위 서안 반파 도문의 경우처럼 언어를 기록했다는 증거가 없으므로 문자로 보는 것은 무리가 있다.

현재 서안 반파와 대문구 유적지 등에서 출토된 부호들을 문자로 보는 학자들은 도기부호가 아닌 도문(陶文)이라 부른다. 만일 이러한 부호들을 문자로 본다면 한자가 만들어진 시기를 기원전 4,800~3000년까지 올릴 수 있을 것이다. 그러나 필자는 위 부호들을 문자로 볼 수 있는 근거가 부족하다고 생각하기 때문에 한자가 기원한 시점을 갑골문자가 출현한 시기 이전의 어느 시점으로 생각하는데, 굳이 추정한다면 아마도 대략 기원전 3000~1300년 사이일 것이다. 하지만 필자 역시 이러한 부호들이 갑골문의 전신(前身)일 가능성이 전혀 없다는 주장을 확정적으로 펼치는 것은 아니다. 만일 고고학 발굴을 통하여 보다 많은 도기부호들이 발견되고, 훗날 이에 대한 연구가 체계적으로 진행된다면, 그리고 그 도기부호들이 당시의 언어를 기록했다는 증거를 찾을 수 있다면, 한자의 기원과 형성을 새롭게 탐구해나가야 할 것이다.

4. 최고(最古)의 한자 갑골문부터 지금의 해서체까지

한자는 시간의 흐름에 따라 그 자형(字形)이 일정한 규칙을 가지고 변해왔기 때문에, 시대순서와 자형의 특징에 의거하여 개별적으로 살펴보는 것이 편리하다. 중국에서 최초로 문자가 출현한 시기는 상(商)나라 때(기원전 1600 - 1046년)이다. 이 시기에 사용된 한자는 거북이 껍질과 동물 뼈에 새겨진 갑골문(甲骨文)과 청동기에 새겨진 금문(金文)이 있다. 금문은 상나라부터 한(漢)나라까지 사용되는데, 동일한 금문이라도 시기에 따라 자형이 달라진다. 서주춘추(西周春秋) 시기에 속하는 문자자료는 금문이 주를 이루는데, 이때 한자의 자형은 곡선 형태를 유지하면서 더욱 정교해진 모양을 형성한다. 한자 자형은 전국(戰國)시기(기원전 475 - 221)에 더욱 다채로워지는데, 지금 우리가 볼 수 있는 전국시기 문자자료는 비단과 대나무에 쓰인 간백문자(簡帛文字)와 도장에 새겨진 새인문자(璽印文字)가 주를 이룬다. 진시황이 전국을 통일하고 세운 진(秦)나라 때(기원전 221 - 206년)는 승상인 이사(李斯)가 정비한 소전(小篆)으로 문자를 통일하며, 전국말기와 진나라 초기 사이에 형성된 예서(隸書)도 대략 이 시기에 유행한다. 한자는 시대를 거듭하며 변화하여 예서를 빨리 휘갈겨 쓴 초서(草書)가 예서의 변형으로 만들어졌다. 예서를 뒤이어 해서(楷書)가 만들어졌는데, 한자라는 문자 자체로서의 모양은 해서에서 발전을 멈추었다. 그리고 해서에서 행서(行書)가 변형된 서체로 만들어졌다. 오늘날 중국 대륙에서 사용하는 간체자(簡體字)는 해서라는 서체 내에서 필획을 대폭 간소화한 것일 뿐이다. 따라서 중국 대륙, 대만, 한국, 일본 등 각국에서 사용되는 한자는 해서체라는 큰 범위 안에서 번체자(繁體字)와 간체자(簡體字)가 나라 별로 사용되고 있다고 할 수 있다. 시대의 흐름과 서사도구 및 서체를 혼합하여 한자의 발전 단계를 두 개의 표로 나타내면 아래와 같다.

[표 1]

시대	시대별 문자	출토자료
상나라	商代文字	甲骨文, 金文
서주춘추시대	西周春秋文字	金文
전국시대	戰國文字	金文, 簡帛文字, 璽印文字
진나라	秦文字	金文, 簡帛文字, 璽印文字

[표 2]

시대	서체	변형 서체
진나라	小篆, 隸書	
한나라	隸書	草書
위진남북조시대	楷書	
당나라~현재	楷書	行書

이 책에서는 편의를 위해 아래와 같은 순서로 한자의 변천과정을 간략히 서술하겠다.

갑골문(甲骨文) → 금문(金文) → 전국문자(戰國文字) → 소전(小篆) → 예서(隸書)·초서(草書) → 해서(楷書)·행서(行書) → 간체자(簡體字)

4.1 갑골문(甲骨文)

갑골문은 체계를 갖춘 현존하는 가장 이른 시기의 한자로, 지금으로부터 약 3,000여 년 전인 상나라 반경(盤庚)이 은(殷)으로 도읍을 옮긴 이후부터 마지막 왕인 제신(帝辛)에 이르기까지 8대 12왕 약 273년간(기원전 14세 - 11세기) 왕실에서 점을 친 내용을 거북의 껍질과 짐승의 뼈에 기록한 것이다.

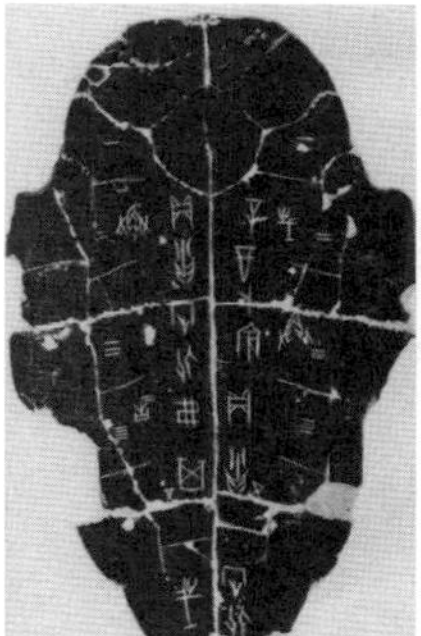

[그림 1]

[그림 2]

점을 칠 때 주로 사용된 것은 거북의 배 껍질[腹甲]과 소 어깨뼈[牛肩胛骨]이지만, 거북의 경우 등껍질[背甲]도 간혹 사용되었고, 그 밖에 소의 다리뼈나 늑골, 두개골, 사슴의 두개골이나 사슴의 뿔, 코

뿔소나 호랑이 뼈도 사용되었으며, 심지어는 사람의 두개골을 사용한 것도 있다. 그러나 거북의 껍질과 소의 어깨뼈가 대다수이기 때문에 보통 甲骨이라 하면 거북의 껍질과 소 어깨뼈를 가리킨다.

거북 껍질이나 소 어깨뼈의 바깥쪽 면을 정면(正面)이라 하고 안쪽 면을 반면(反面)이라고 하는데, 반면에 대추씨 모양의 착(鑿)과 원형의 찬(鑽)을 파내어 그 파낸 홈에 뜨겁게 달군 쇠를 가져다 대거나 뜸을 뜨면, 정면에 ├모양의 균열이 생긴다. ├모양을 본떠서 만든 글자가 바로 지금의 卜(점 복)자이다. 균열이 생기면서 나는 소리가 卜(*puk)과 관련이 있다고 보는 학자도 있는데, 당시의 상나라 사람들이 듣기에 거북 껍질이 불에 터지는 소리를 *puk으로 인식했는지는 지금 우리가 알 길이 없다. 점을 치는 사람은 이 ├모양을 보고서 길흉(吉凶)을 판단했으며, 점을 친 날짜부터 사건이 점괘와 관련하여 어떻게 경과하였는지까지 점과 관련된 거의 모든 내용을 갑골에 기록해놓았다. 착찬의 모양을 평면화해서 그림으로 나타내면 아래와 같다.

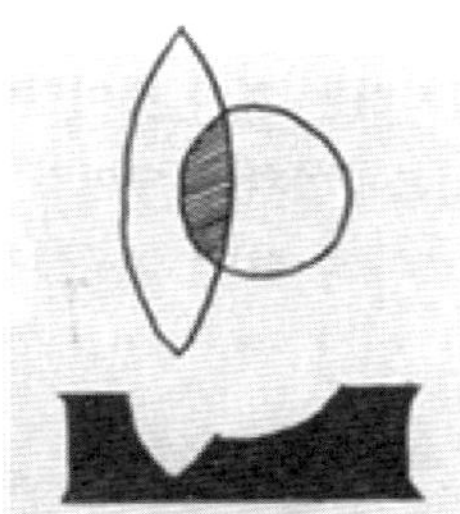

[그림 3]

갑골문이 처음 세상에 알려지게 된 것은 1899년(청(淸)나라 광서(光緖)25년) 북경에서 국자감좨주(國子監祭酒)로 있던 왕의영(王懿榮)이라는 인물에 의해서이다. 전해지는 바에 따르면, 왕의영이 어느 날 말라리아로 약방에 갔다가 우연히 약재로 사용되던 오래된 동물 뼈와 갑각류 껍질을 보게 되었고, 용골(龍骨)이라는 이름으로 쓰이는 이 약재에 글자가 새겨진 것을 보고 처음 갑골문을 접하였고, 당시 금석학(金石學)에 뛰어났던 왕의영이 이것을 세상에 알렸다는 것이다. 그러나 사실은 그렇지 않다. 지금까지 나온 다양한 기록들을 검증해본 결과 팩트(fact)는 이렇다. 오랜 시간 땅속에 묻혀 있던 갑골은 하남성 안양에 거주하는 농부들에 의하여 발견되고 그들에 의하여 버려지거나 파손되었다. 훗날 명나라~청나라 시기에 갑골이 용골이라는 약재로 사용되면서 약재로 팔리기 시작하다가 골동품 상인들에 의하여 약재가 아닌 문화재로서의 가치를 획득하게 된다. 그리고 갑골을 대량으로 구입한 골동품 상인이 이러한 것들을 구매할만한 사람인 왕의영에게 가져갔고, 왕의영은 이때 비로소 처음 갑골을 접하여 세상에 알리게 된 것이다.[11]

지금까지 발굴된 갑골의 총 수량은 약 13만 여 조각에 달하고, 거북이 껍질과 소뼈의 수량을 비교하면 비율이 약 7(거북이 껍질) : 3(소뼈) 정도이다. 갑골에 새겨진 총 글자 수는 약 150만자인데, 중복되지 않는 갑골문자의 총 수량은 약 4,000여 자에 달한다. 이 가운데 현재 갑골학계에 의해 해독된 글자 수는 약 1,000여 자에 달한다.[12] 한대(漢代)

---

11 최영애, 『한자학강의』, 서울: 통나무, 2000년, 188~197쪽 참고.

12 현재 우리가 일상생활에서 실질적으로 사용하는 한자의 글자 수는 우리나라의 상용

에 만들어진 한자분석이론인 육서(六書)로 갑골문의 유형을 분류해보면, 상형(象形), 지사(指事), 회의(會意), 형성(形聲)에 해당하지 않는 글자가 없을 정도인데, 이를 통하여 갑골문은 이미 당시의 모든 언어를 완벽하게 기록해낼 수 있는, 고도로 발달된 문자체계라는 것을 알 수 있다. 위 네 가지 유형에 해당하는 갑골문의 예를 들어보자.

상형자

: 冊(책 책) : 鼎(솥 정) 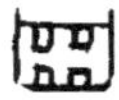: 齒(이 치)

은 대나무를 끈으로 엮은 모양으로 중국 고대 책의 원형을 그대로 상형한 글자이다. 이를 통하여 우리는 갑골문 시대에도 대나무가 서사재료로 사용되었음을 알 수 있다. 다만 지금은 부식되어 볼 수 없을 뿐이다. 은 다리가 달린 솥을 상형한 글자이고, 는 사람의 치아를 상형한 글자이다.

지사자

: 上(윗 상) : 刃(칼날 인) : 亦(또 역 / 겨드랑이 액)

은 기준선 위에 짧은 필획을 그어 '위'라는 의미를 나타낸 글자

자 1,800자, 중국 대륙의 상용자 3,500자, 대만의 상용자 4,808자, 일본의 상용자 1,950자 등으로 절대 5,000자를 넘지 않는다. 즉 이미 갑골문 시대에 존재했던 글자 수는 충분하였다.

로 지금의 上자에 해당한다. 下의 갑골문은 그 반대로 로 쓴다. 은 칼을 상형한 刀의 날 부분에 짧은 필획을 그어 '칼날'이라는 의미를 나타냈다. 은 양팔 아래에 짧은 필획을 그어 '겨드랑이'라는 의미를 나타냈다. 보통 亦자는 '또한'이라는 의미의 부사를 나타내는데, '또한'이라는 뜻을 나타내는 단어의 발음과 '겨드랑이'를 뜻하는 단어의 발음이 같아서 가차(假借)한 것이다.

회의자

: 北(북녘 북 / 등 배) : 涉(건널 섭) : 好(좋을 호)

은 두 사람이 서로 등을 지고 있는 모습으로 신체부위인 '등'을 나타내는 글자이다. 이 글자도 亦자와 마찬가지로 가차되어 추상적인 단어 북쪽을 나타내게 되었다. 은 두 발로 물을 건너는 모습을 본뜬 글자이다. 은 엄마와 아이가 함께 있는 모양으로 '좋다'는 의미를 나타냈다.

형성자

: 星(별 성) : 問(물을 문) : 往(갈 왕)

은 별을 상형한 글자에 소리부호인 生(생)을 더한 글자이고, 

은 '문다'는 의미를 나타내는 口(입 구)자에 소리부호 門(문)을 더한 글자이며, 은 '가다'는 의미를 나타내는 止(지)자에 소리부호 王(왕)을 더한 글자이다.

갑골은 점을 치는 용도로 사용된 것으로, 균열이 난 ├모양을 보고서 길흉을 판단하여 점을 친 날짜부터 사건이 점괘와 관련하여 어떻게 경과하였는지까지 점과 관련된 거의 모든 내용을 갑골에 기록해 놓았다고 하였다. 갑골에 기록된 문장들을 복사(卜辭)라고 부르는데, 보통 아래와 같은 순서로 구성되어 있다.

전사(前辭): 점을 친 날짜와 점을 친 사람의 이름
명사(命辭): 묻는 내용
점사(占辭): 점친 후 나온 점괘의 결과
험사(驗辭): 위 점사대로 실현되었는지의 여부

갑골복사에는 위 네 가지 형식을 다 갖춘 것도 있고, 그렇지 않은 것도 있다. 여기서는 한 가지 복사만 소개하겠다.

癸巳卜, 爭貞:	계사일에 균열을 내고 쟁이 점치기를:
癸巳卜, 爭貞:	계사일에 균열을 내고 쟁이 점치기를:
今一月雨.	지금 1월에 비가 올 것이다.
今一月不其雨.	지금 1월에 아마도 비가 오지 않을 것이다.
王占曰: 丙雨.	왕이 점괘를 보고 말하였다. 병일에 비가 올 것이다.

旬壬寅雨. 甲辰亦雨.	10일 뒤인 임인일에 비가 왔다. 갑진일에도 비가 왔다.

4.2 금문(金文)

금문은 청동기에 새겨진 명문(銘文)을 말한다. 갑골의 시대인 상나라 때부터 한(漢)나라까지 금문이 만들어졌으나, 여기서는 주로 서주(西周, 기원전 1046 - 771년)시기의 명문만을 다루겠다. 금문은 청동기에 새겨진 명문으로서, 그 서사재료가 금속이기 때문에 금문(金文)이라 불렀다. 고대에는 청동을 길금(吉金, 단단한 쇠)이라 불렀으므로 길금문(吉金文)이라고도 하였고,[13] 동기(銅器) 중에는 종(鐘)과 정(鼎)이 가장 많이 출토되었으므로 종정문(鐘鼎文)이라고도 불렀다.

금문은 갑골문처럼 일부 칼로 새겨진 것도 있지만, 대부분 주물(鑄物)의 방식으로 새겨진 것들이다. 흙으로 빚은 안틀과 겉틀 사이에 쇳물을 붓고 쇳물이 완전히 굳어진 후, 안틀과 겉틀을 벗겨내면 기물이 완성된다. 안틀과 겉틀을 각각 모(模), 범(范)이라 하며, 이 모와 범의 틀에 따라서 기물의 모양이 형성된다. 현재 우리가 말하는 '모범'이라는 말은 바로 안틀과 겉틀을 의미하는 '모범(模范)'에서 나왔다. 언제부터인가 范(거푸집 범)자를 範(법 범)자로 대체하여 模範이라고 쓰는 것이다.

한 청동기에 새겨진 명문의 글자 수는 적은 것은 1자부터 많은 것

13 吉에는 '길조', '길하다'는 뜻도 있지만, '단단하다', '견고하다'는 뜻이 있다. 吉金의 吉은 '견고함'을 나타낸다. 裘錫圭, 「說字小記」, 『裘錫圭學術文集(金文及其他古文字卷)』, 上海: 復旦大學出版社, 2012년, 416~417쪽 참고

은 400 - 500자에 달한다. 초기 금문인 상대(商代)의 금문 명문은 글자 수가 적어 대체로 한 두 글자에서 많은 것도 50자를 넘지 않는다. 글자 자형은 원시적인 도화(圖畫) 형태에 가까운 것들이 대부분이었다.

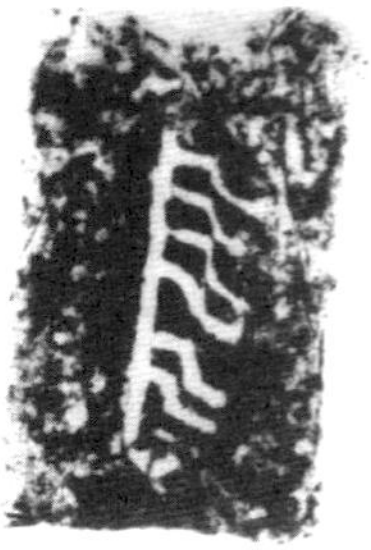

[그림 4] 중요(中鐃) [그림 5] 이궤(利簋)

이처럼 청동기에 글자를 새기는 방법이 본격적으로 발전한 것은 주대(周代)부터이고, 점차 세월이 지나면서 서주(西周)의 강왕(康王)시기(기원전 1067 - 1041)에 만들어진 대우정(大盂鼎)에는 293자, 선왕(宣王)시기의 모공정(毛公鼎)에는 497자나 새겨져 있다. 금문의 총 자수는 약 3,000여 자이며, 해독된 자수는 1800여 자 정도이다.

[그림 6] 모공정(毛公鼎)의 일부

[그림 7] 대우정(大盂鼎)

금문은 자체(字體)로 볼 때, 갑골문을 그대로 이어 받았으나, 날카로운 도구로 새긴 것이 아닌 진흙으로 만든 모범 위에 새겨 넣은 것이기 때문에, 갑골문에 비해 필선이 부드럽고 굵으며 좀 더 규격화된 느낌을 준다. 초기 금문은 갑골문보다 상형성이 농후한 것이 많았으나, 점차 상형성이 얕아지고 문자로서 부호적인 성질이 드러나게 되었다. 갑골문은 점을 친 기록이기 때문에 날씨, 전쟁, 사냥, 제사, 질병 등 아주 다양한 내용으로 구성되어 있다. 금문은 대부분 왕이 신하에게 분봉을 내리거나 하사품을 내리는 내용으로 구성되어 있고, 이외에도 전쟁, 제사, 토지 거래 등 역시 다양한 내용을 담고 있어서 고대 사회를 이해하는데 매우 중요한 사료(史料)로 활용된다.

갑골문과 금문의 자형을 비교해보면 아래와 같다.

	車	馬	事	王	正
갑골문					
금문					

4.3 전국문자(戰國文字)

전국시기에는 사회에 급격한 변화가 일어났다. 춘추 이전에는 소수의 특정 귀족계층이 경제, 정치, 문화 등 거의 모든 방면에서 통치

지위를 누렸고, 문자도 그들에 의해 독점되고 있었다. 주나라가 쇠퇴하고 제(齊), 진(晋), 초(楚), 오(吳), 월(越)과 같은 주변 국가들이 강성해지면서 관리들이 급증하였고, 자연스레 문자가 하급관리까지 확산되기 시작하였다. 전국시대에 들어온 이후에는 경제, 정치, 문화 등이 비약적으로 발전함에 따라 문자의 사용범위가 점점 넓어졌고, 문자를 사용하는 사람도 많아지면서 글자 형체에도 급격한 변화가 일어났다. 전국시기의 문자는 주로 금문, 대나무나 비단에 기록된 간백문자(簡帛文字), 도장에 새겨진 새인문자(璽印文字)가 주를 이루는데, 여기서는 출토자료 가운데 가장 많은 양을 차지하는 간백문자만 소개하겠다.

중국은 서사재료로 종이를 사용하기 전에는 오랫동안 대나무(竹簡)와 비단(帛)을 사용해왔다. 대나무는 늦어도 상나라 초기에 이미 사용하였고, 비단은 대나무에 비해 조금 늦을 것이다. 대나무와 비단은 부패가 쉽기 때문에 초기 간백문자는 보존되기가 어려웠고, 지금 발굴되어 우리가 볼 수 있는 것은 전국시기의 것이 가장 이르다. 1986 - 1987년까지 호북성(湖北省) 형문시(荊門市) 포산(包山) 2호 초나라 묘에서 200매 정도의 죽간이 발견되었는데, 총 글자 수는 1만 2천 여자에 달한다. 1993년에도 형문시에 있는 곽점(郭店) 초나라 묘에서 죽간(곽점초간)이 발견되었고, 1994년에는 상해박물관에서 홍콩 경매시장에 나온 초나라 죽간(상박초간)을 구입했는데, 『상해박물관장전국초죽서(上海博物館藏戰國楚竹書)』라는 이름으로 제9권까지 정리되어 출판되었다. 2008년에 청화대학(清華大學) 졸업생의 기증으로 청화대학이 소장하게 된 초나라 죽간(청화간)이 있는데, 이 역시 『청화대학장전국죽간(清華大學藏戰國竹簡)』이라는 이름으로 제10권까지 정리되어 출판되었다.

죽간에 기록된 텍스트들은 주로 옛 경전들인데, 노자(老子), 상서(尚書) 그리고 도가나 유가와 관련된 각종 문헌들로 이루어져 있다.

[그림 8] 곽점초간

[그림 9] 청화간

서주시기 금문과 전국문자의 자형을 비교해보면 아래와 같다.

	車	馬	事	王	正
금문					
전국문자					

4.4 소전(小篆)·예서(隸書)

소전은 진전(秦篆)이라고도 하는데, 진시황이 전국을 최초로 통일한 뒤 문자를 통일할 때 쓴 서체로, 한(漢)나라 초기까지 사용된 고문자 마지막 단계의 서체이다. 진시황이 천하를 통일한 후, 재상인 이사(李斯)가 한자를 통일하기 위해, 전국시기에 진(秦)나라에서 사용되던 한자 자형들을 제외한 나머지 전국문자들을 폐기하고, 진나라 서체를 중심으로 자형들을 정리한 것이다. 소전 문자 자료로 전해지는 것은 태산각석(泰山刻石)·낭야각석(琅玡刻石)·역산각석(嶧山刻石)·회계각석(會稽刻石) 등과 진나라의 도량형인 진량(秦量)·진권(秦權)·조판(詔版) 등이 남아 있다.

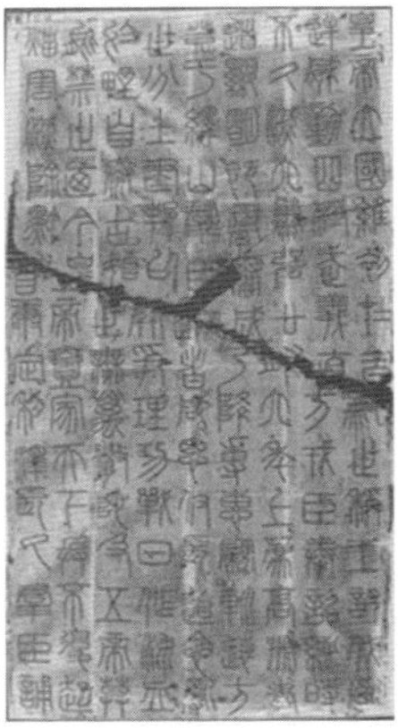

[그림 10] 역산각석(嶧山刻石)　　[그림 11] 조판(詔版)

예서(隸書)의 탄생과 관련하여 다음과 같은 이야기가 전해진다. 진시황이 전국을 무력으로 통일한 직후에는 사회가 매우 혼란스러웠다. 게다가 법가를 통치이념으로 삼은 진시황의 국가정책이 이에 더해져 온갖 범죄자들이 감옥에 들끓는 사태가 벌어졌다. 따라서 감옥의 일을 맡았던 간수들의 일이 많아졌는데, 특히 죄수의 인적사항을 비롯한 여러 가지 내용을 장부에 기록하는 일의 양이 많아진 것이다. 시간은 한정되어 있는데, 복잡한 소전의 글자로 모든 기록을 하다 보니 간수들은 글자라도 간단했으면 하는 생각이 절실하였다. 이 때 정막(程邈)이라는 간수가 죄수들을 호송하는 일을 맡았었는데, 죄수가 도망가는 바람에 정막은 투옥되었다. 그는 감옥에 있으면서 평소에 하고 싶었던 일을 하게 되는데, 바로 소전 자형을 간소화하는 일이었다. 훗날 그가 완성한 간소화된 자형들을 진시황에게 바쳤고, 진시황은 이를 기뻐하여 정막에게 벼슬을 내렸다.

이 이야기는 마치 창일조자설(倉頡造字說)처럼 후대 사람들에 의해 만들어진 전설에 불과하다. 지금까지 발굴된 전국시기 진(秦)나라 죽간문자들을 보면 이미 예서의 서풍이 느껴질 정도로 간소화된 자형들이 많이 보이는데, 예서는 위 이야기처럼 한 사람에 의해 정리된 것이 아니라, 이미 수많은 사람들의 손을 거쳐 쉽고 빨리 쓸 수 있도록 점진적으로 간소화된 것으로 보는 것이 마땅하다. 예서는 소전의 전신(前身)인 전국문자에서부터 태동된 것으로, 통일 이후 진나라에서 하나의 서체로 자리 잡기 시작했고, 한나라의 공식 서체가 되었다. 예서의 서체를 보면, 고문자 단계에서의 곡선들이 직선화되고, 윤곽이 간단한 필획으로 대체되었음을 한 눈에 파악할 수 있어서 고문자의 단계를 벗어난 최초의 근대문자라고 불린다. 또한 예서부터 상형성이 드러나는 한자 필획의 곡선들이 모두 직선으로 바뀌었기 때문에, 한자 자형 변화에 있어서는 대 격변을 겪은 중요한 사건으로서 이를 예변(隸變)이라 부른다.

[그림 12] 수호지진간(睡虎地秦簡)

[그림 13] 희평석경(熹平石經)

소전 자형과 예서 자형을 비교해보면 아래와 같다.

	車	馬	事	王	正
소전	車	馬	事	王	正
예서	車	馬	事	王	正

4.5 초서(草書) · 해서(楷書) · 행서(行書)

초서는 딱딱한 예서체를 빠르게 휘갈겨 쓴 서체로 한나라 때(기원전 206년 - 기원후 220년)부터 시작된다. 초서의 초는 '거칠고 조잡하다'는 뜻의 요초(潦草)의 草를 가져와 초서라 명명하였다. 초서는 장초(章草), 금초(今草), 광초(狂草)로 구분된다. 장초는 각 글자들을 연결하지 않고, 하나씩 따로 떼어서 쓰는 초기의 초서를 말하며, 금초는 한 구절이나 한 행을 연결하는 초서를 말한다. 광초는 당나라 때 출현하는데, 말 그대로 미친 듯이 흘려 쓴 초서체로, 문자를 쓴 것이라기보다는 거의 예술에 가까울 정도이다.

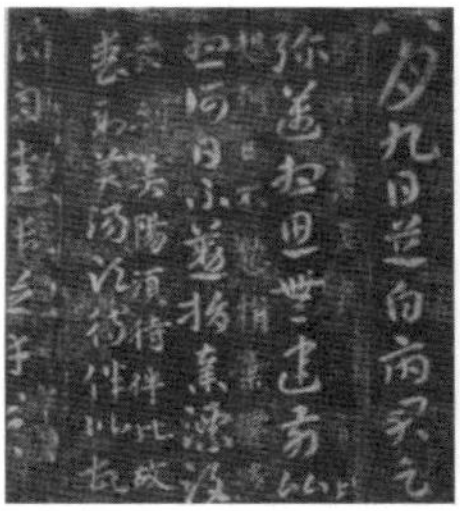

[그림 14] 章草

[그림 15] 今草

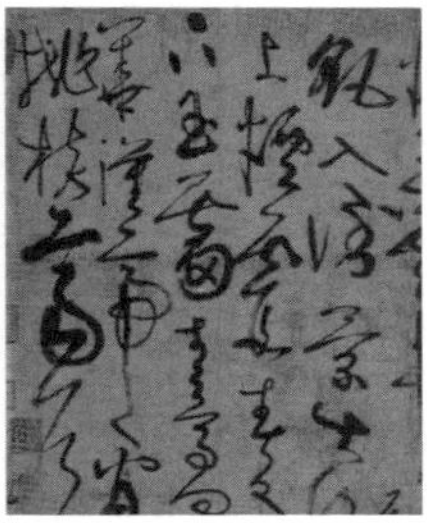

[그림 16] 狂草

해서는 예서의 알아보기 쉽다는 장점과, 초서의 빨리 쓸 수 있다는 장점을 결합하여 탄생된 서체로, '본보기', '모범'이라는 의미의 해(楷)를 써서 해서라 하였다. 해서는 위진남북조(魏晋南北朝) 시기(220 - 589년)에 서서히 등장하다가 당대(唐代)부터는 한자의 가장 전형적이고 모범적인 공식 서체가 되었고, 지금까지 우리가 사용하는 한자의 서체로 자리매김 하였다.

[그림 17] 楷書

행서는 마치 예서에서 초서가 변형되어 나오는 것처럼, 해서를 초서의 방식으로 쓴 서체이다. 行은 '걷다'는 뜻이 있는데, 이를 통해서 알 수 있듯 행서는 빠르게 쓰는 형식이지만 초서만큼 거칠거나 조잡하지 않고, 필획을 많이 생략하지는 않았다. 따라서 초서처럼 해석이 어려울 정도로 알아보기 힘들지는 않다.

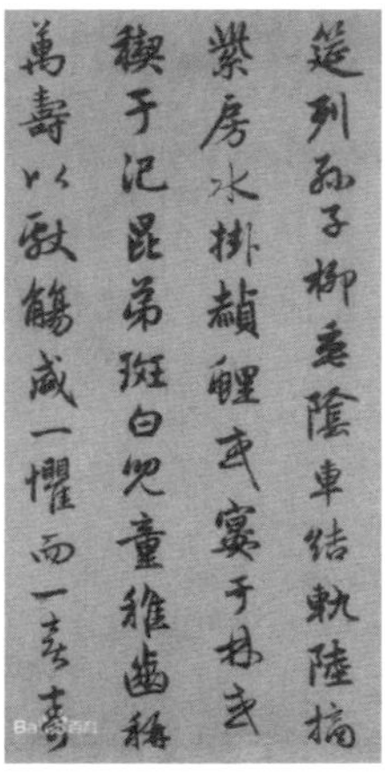

[그림 18] 行書

해서는 문자로서 실용성이 가장 강한 서체로 지금까지 공식적인 서체로 어디서나 활용되고 있고, 초서는 예술성이 강한 서체로 서예 전시회에 많이 등장하며, 행서는 예술성과 실용성을 모두 갖춘 서체로서 일상의 펜글씨에 주로 활용된다.

4.6 간체자(簡體字)

간체자란 예전부터 내려오던 복잡한 형체의 한자를 간략한 형태로 새로 만든 글자이다. 그러나 위에서 살펴봤듯이, 한자는 시대의 변화에 따라 글자 모양이 점진적으로 변화되어 왔는데, 이러한 과정에서 '간소화'라는 기본적인 발전 추세를 유지하며 변형되어 온 것이다. 따라서 오늘날 대륙에서 사용되는 간체자를 보면, 완전히 새로 만들어 낸 간체자는 많지 않고 거의 대부분 과거에 이미 모양을 갖추었던 간소화된 자형들을 모티브로 한 것들이 많다.

한자를 간략하게 만들고자 하는 노력은 이미 과거 한자가 만들어지고 변화를 거듭하면서부터 시작되었다고 볼 수 있다. 그러나 이는 시대별로 여러 개인에 의해 조금씩 사용되어 왔을 뿐이고, 본격적으로 한자를 간화하여 쓴 것은 1950년대 이후의 일이다. 중국은 1951년 정무원문화교육위원회(政務院文化敎育委員會)를 만들고, 본격적으로 연구를 시작하여 1956년 정식으로 515개의 간체자와 54개의 간화편방(簡化偏旁)을 공표하였다. 그 후 간체자 만드는 작업을 지속하여 1964년 간화자총표(簡化字總表)를 발표했는데, 1986년에 다시 중복되는 글자를 정리하여 2,235자로 확정하였다.

간체자가 만들어지는 방식은 8가지가 있는데, 예를 들어 설명하면 아래와 같다.

① 자형의 일부만 취한 것
业(業) 声(聲) 奋(奮) 习(習) 丽(麗)

② 간단한 부호나 편방으로 복잡한 편방을 대체한 것
难(難) 观(觀) 戏(戲)

③ 필획이 적은 동음자(同音字)로 대체한 것
后(後) 谷(穀) 千(韆)

④ 고자(古字)를 활용한 것
无(無) 云(雲) 电(電)

⑤ 새로운 회의자(會意字)를 만든 것
尘(塵) 灶(竈) 泪(淚)

⑥ 다른 형성자(形聲字)를 만든 것
肤(膚) 护(護) 惊(驚)

⑦ 초서를 해서화한 것
书(書) 车(車) 专(專)

⑧ 자형 전체를 간단한 윤곽으로 바꾼 것
龟(龜) 仓(倉)

2부

한자, 내시경으로 들여다보기

1. 한자의 모양·발음·뜻(字形·字音·字義)

한자는 한 글자가 하나의 모양을 가지고, 하나 또는 그 이상의 음절, 하나 또는 그 이상의 뜻을 가지고 있다. 즉 자형(字形), 자음(字音), 자의(字義) 세 가지 요소를 갖추고 있는 것이다. 樂자를 예로 들어 표로 나타내면 다음과 같다.

[표 1]

글자	요소	
樂	자형	樂
	자음	락, 악, 요
	자의	즐겁다, 음악, 좋아하다

1부에서 강조하였듯, 문자는 언어를 기록한 부호체계이다. 한자는 한 글자가 해당 언어의 음절·형태소를 표기하고 있으므로 우리는 위의 樂자가 가지는 발음과 뜻을 樂자가 '락'이라는 음절과 '즐겁다'는 뜻을 가지고 있는 '형태소' 또는 '단어'를 표기하고 있는 것으로 이해해야 옳다.

한자의 자형은 1부에서 살펴본 것처럼, 갑골문에서 기원하여 지금의 해서체까지 각 글자의 형체가 상형적 성질을 지닌 형태에서 벗어나 기호화된 필획(筆劃)과 편방(偏旁)으로 구성된 형태로 발전해왔다. 지금의 해서체 자형은 독립된 글자로 사용되면서 더 이상 분해할 수 없는 글자인 독체자(獨體字)와 두 개 이상의 독체자로 구성된 합체자(合體字)로 나눌 수 있는데, 예를 들면 人(사람 인), 木(나무 목), 日(해 일), 月(달 월), 刀(칼 도), 口(입 구) 등은 독체자에 해당한다. 人과 木을 합하여 만든 休(쉴 휴), 日과 月을 합하여 만든 明(밝을 명), 刀와 口를 합하여 만든 召(부를 소) 등은 합체자이다. 또 한자는 동일한 글자인데 자형만 다른 경우가 존재하는데, 이것을 이체자(異體字)라 부른다. 예를 들면 國/国(나라 국), 鷄/雞(닭 계), 峰/峯(봉우리 봉) 등이 있다. 이러한 이체자들은 아주 오랜 시기부터 글자를 쓰는 사람의 습관에 따라 만들어진 변형들인데, 의사소통의 불편함과 학습의 부담을 주기 때문에 반드시 정리되어 한 글자로 규범화 해나가야 할 대상들이다.

한자의 자음은 독음이라고도 하는데, 기본적으로 하나의 글자는 하나의 음절로 되어 있다. 예를 들면 漢=한, 字=자, 理=리(이), 解=해 등으로 하나의 字는 하나의 음절을 가진다. 간혹 위에 언급한 樂자처럼 한 글자가 여러 음절을 표기하는 경우도 있는데, 이를 다음자(多音字) 또는 파음자(破音字)라 부른다. 예를 들면 惡(악할 악/미워할 오), 金(성씨 김/쇠 금), 度(법도 도/헤아릴 탁) 등이 있다.

한자의 자음과 자의는 언어적 측면에서 이해해야 한다. 즉 언어를 기록한 부호체계로서의 문자라는 개념으로 이해해야 보다 정확히 파악할 수 있다는 것이다. 한자 한 글자는 기본적으로 한 음절과 대응된다. 한자는 중국에서 만들어진 것으로, 기본적으로는 중국어를 기록한 부호체계인데, 중국어는 본래 단음절어이기 때문에 한자 한 글자는 최소 의미를 지닌 언어 단위인 형태소 또는 단어를 표기하고 있다.

그렇기 때문에 자연스럽게 한자 한 글자는 하나의 음절과 그 형태소 또는 단어가 지니는 의미를 가지고 있는 것이다. 예를 들어 天은 '천'이라는 음절과 '하늘'이라는 의미를 가진 형태소를 표기하고, 地는 '지'라는 음절과 '땅'이라는 의미를 가진 형태소를 표기하고 있는 것이다. 勇(날랠 용)은 용감(勇敢)이라는 단어의 형태소인 勇의 의미를 나타내고, 成(이룰 성)은 성공(成功)이라는 단어의 형태소인 成의 의미를 나타내고 있다.

하나의 형태소 또는 단어는 각각 의미를 가지는데, 언어적인 측면에서 하나의 형태소 의미 또는 단어 의미는 본래 가지고 있던 본의(本義)가 있고, 본의에서 파생되어 나온 인신의(引伸義)가 있다. 예를 들어 日은 본의가 '태양'인데 의미가 파생되어 '하루', '날' 등의 인신의를 갖는다. 또 道는 본의가 '길'인데 의미가 파생되어 '도리', '삶의 법치' 등의 인신의를 갖는다.

이처럼 자(字)와 대응되는 형태소 또는 단어의 관계를 정확히 파악해야 한자라는 문자의 원리를 심도 있게 알 수 있다. 하나의 글자가 여러 가지 의미를 갖는 이유는 바로 하나의 글자가 형태소 또는 단어의 의미를 나타내는데, 해당 형태소 또는 단어가 다시 여러 가지 파생된 의미를 가지기 때문에 한 글자에 여러 가지 의미를 갖는 것이다. 예를 들어 古(옛 고)자의 자전 의미를 보면 아래 표와 같다.

[표 2]

자형	자음	자의
古	고	1. 옛, 예, 예전 2. 옛날 3. 선조 4. 묵다 5. 오래 되다 6. 예스럽다 7. 순박하다 8. 잠시 9. 우선

古의 1~7번 의미는 '옛'이라는 본래 의미와 그 의미에서 파생된 인신의(선조, 오래 되다, 예스럽다, 순박하다 등)들이다. 여기서 8, 9번 의미인 '잠시', '우선'은 이와 전혀 상관이 없는 것으로 가차의(假借義)라 부른다. 가차의는 한 글자가 본래 특정 형태소 또는 단어를 표기하는데, 독음이 같은 동음이의어를 표기하여 형성된 의미를 말한다. 우리말에 '배'라는 단어가 있는데, '배'라는 형태의 한글 문자가 표기하는 단어는 대략 세 가지이다. 배1은 사람이나 동물의 위장, 창자, 콩팥 등이 들어 있는 신체부위이고, 배2는 사람이나 짐 따위를 싣고 물 위로 떠다니도록 나무나 쇠로 만든 물건이며, 배3은 배나무의 열매이다. '배'라는 한글 문자가 소리 부호로서 세 가지 단어를 표기하는 것처럼, 가차의는 하나의 글자가 소리 부호로서 여러 가지 동음이의어를 표기하는 상황이라고 이해할 수 있다.

위의 설명을 다시 정리하면, 한자는 하나의 글자가 여러 가지 의미를 지니는데 그 원인은 인신과 가차, 두 가지이다.

◆ 한 글자가 나타내는 형태소 또는 단어의 의미가 여러 가지로 파생되었기 때문 = 인신의

◆ 한 글자가 독음이 같은 여러 가지 동음이의어를 표기하기 때문 = 가차의

2. 한자의 분석이론, 육서(六書)에서 삼서(三書)까지

2.1 한자의 명칭

우리는 한국어를 표기하는 부호체계를 '한글'이라 부르는데, 중국인들은 자신들의 문자를 언제 처음 한자라고 부르기 시작했을까? 그 대답은 예상 외로 아주 늦은 시기였다. 과거 중국에서는 글자를 서(書), 명(名), 문(文), 자(字), 문자(文字) 등으로 불렀는데, 이는 중국 주변에 중국문명에게 큰 영향을 줄 수 있을만한 타 문명이 없었고, 중국 문자와 비교될 만한 다른 문자가 없었기 때문인 것으로 추정된다. 시간이 오래 흘러 명(明)나라 시기부터 서양의 문물이 대거 유입되고, 다른 문명의 문자와의 차별을 느끼기 시작하면서 자신들의 문자를 따로 명명할 필요가 생긴 것이다. 그렇다면 왜 명나라의 이름을 가져오지 않고, 역사적으로 먼 왕조인 한(漢)나라의 이름을 가져왔을까? 그것은 한(漢)이라는 이름이 중국을 대신할 수 있는 근원적인 상징성을 지니기 때문이다.

진시황이 통일한 진(秦)나라는 기원전 221에서 206년까지 대략 16년 정도 지속하다 멸망하고 말았다. 그럼에도 불구하고 최초로 중국이라는 거대한 통일된 공동체를 형성하였다는 것 때문에, 진왕조의 이름인 친(Chin)을 어원으로 하여 오늘날 중국을 영어로 차이나(China)라고 부르는 것이다. 한나라는 진의 멸망 이후 건국되어 기원전 206년부터 기원후 220년까지 총 426년을 지속하였다. 이 때 비로소 유가(儒家)를 중심으로 한 한문화(漢文化)가 본격적으로 확립되어 오늘날까지 이르게 되었다. 즉 지금의 중국인들이 자기 민족을 한족(漢族)이라 부르고, 자신들의 언어를 한어(漢語)라 부르며, 자신들의 문자를 한자(漢字)라 부르는데, 이는 한(漢) 왕조의 문명과 문화가 중국인 정체성의 뿌리가 되었기 때문이다. 그리고 자형의 변화라는 측면에서 볼 때, 고문자를 탈피한 최초의 근대문자인 예서체를 공식 서체로 사용하여 오늘날 한자의 형태를 갖추기 시작한 때가 바로 한나라이기 때문에, 중국 문자를 한자로 부르게 된 것도 있다.[1]

2.2 한자에 대한 분석의 시작

중국인들은 언제, 어떤 배경으로 한자를 연구하기 시작하였을까? 이에 대한 대답 역시 한나라에서 시작되었다. 진나라가 멸망하고 한나라 왕조가 세워지는데, 한나라는 법가(法家)로 통치한 진나라와 달리 공자의 유가(儒家) 사상을 내세워 나라를 통치하였다. 따라서 한나라는 유가를 정통 사상으로 확립하였고 유교 경전을 연구하는 경학(經學)이 국학으로 자리 잡게 되었다. 그런데! 과거 진시황은 전국을 통일하고 나서 법가를 통치 이념으로 삼아 독재 정치를 펼쳤었고, 이에 반대하는 이들이 있었는데 대부분이 유가 사상을 주장하는 유생들이었다. 자신의 통치 방식이 거센 비판과 비난에 부딪히자, 화가 난 진시황

1 이규갑, 『한자의 즐거움』, 서울: 차이나하우스, 2016년, 54~59쪽 참고.

은 승상(丞相) 이사(李斯)의 건의를 받아들여 유생들을 생매장하여 죽이고 의약·점서·농서를 제외한 모든 유교 경전들을 불태워버렸는데, 이것이 그 유명한 분서갱유(焚書坑儒)의 사건이다.

유교를 국교로 내세우고, 유학을 국학으로 삼은 한나라는 진시황에 의하여 사라진 유교 경전들을 다시 찾아 복원해야 하는 상황에 놓여졌다. 이 때 진시황 분서갱유의 난을 피해 생존해 있던 늙은 유생들을 찾아가 그들의 기억력에 의존하여 경전을 복원하는데,『상서(尙書)』와 같은 경전에 능한 복생(伏生)이라는 어르신에게 사람을 보내 경전을 배우고 복원하게 하였다는 기록이 남아 있다. 새롭게 복원해낸 경전은 당시 한나라의 공식 서체였던 예서체로 썼기 때문에, 이러한 경전들을 금문경(今文經)이라 부른다. 한나라는 이러한 방식으로 유교 경전을 복원하여 나라를 통치하였다. 그런데 시간이 한참 흐른 뒤 진시황 분서갱유의 난을 피하기 위하여, 사람들이 몰래 감춰두었던 옛 경전들이 하나씩 발견되기 시작한다. 특히 한 경제(景帝) 때 옛 노나라 지역 공자의 옛 집을 허물고 궁실을 확장하는 공사를 하는 가운데, 집벽 속에서 수많은 경전들이 쏟아져 나온 사건이 유명하다. 벽 속에서 나온 책이기 때문에 이를 벽중서(壁中書)라 부른다. 이처럼 발견된 경전들은 모두 전국시대 말기, 진나라 초기에 쓴 책으로 사용된 문자가 전국문자였기 때문에, 이러한 경전들을 고문경(古文經)이라 불렀다.

금문경과 고문경을 놓고 보면, 둘 중 어느 것이 더 원본에 가까운 것일까? 당시 고문경이 발견된 이후, 학자들은 금문경을 중심으로 한 금문경학파와 고문경을 중심으로 금문경을 수정해야 한다는 고문경학파, 두 학파로 나뉘어 금고문 논쟁이 벌어진다. 마치 정치적 성향이

다른 보수와 진보가 격렬히 논쟁을 하듯, 오랫동안 싸움이 지속되었다. 기존의 질서를 깨뜨리기 싫어하는 보수적인 금문경학파가 군림하고 고문경학파는 세력을 키우지 못하다가, 왕망(王莽)의 신한(新漢) 이후 고문경박사(古文經博士)가 세워지고 두 세력은 팽팽하게 대립하게 된다. 결국 고문경을 중심으로 하고, 금문경을 참조하여 경학을 이어나가야 한다는 방향으로 흘러 오랜 싸움은 고문경학파의 승리로 끝을 맺게 된다. 오늘날에도 수많은 출토문헌(出土文獻)들이 발굴되고 있는데, 마치 한나라 사람들이 고문경을 발견했던 것처럼 지금도 전 세계의 중국 역사와 사상을 연구하는 학자들이 출토문헌에 주목하고, 역사학·철학·언어문자학 등 다양한 방면에서 집중 연구하고 있다.

고문경학파에 속한 학자들은 전국문자로 쓴 경전들을 해석해야 했고, 어려운 글자들을 해독해내려면 부득이하게 글자 하나하나를 분석해야 하는 과제를 안게 되었다. 이때부터 자연스럽게 고문경학파 학자들은 한자를 분석하며 분석의 이론체계를 세우게 되는데, 그것이 바로 육서(六書)이다. 그 가운데 대표적인 학자인 허신(許愼)은 『설문해자(說文解字)』라는 책을 쓰는데, 처음으로 부수(部首)를 세워 9,353개 글자를 수록하였고, 모든 글자를 당시의 한자학 이론인 육서를 가지고 분석하고 설명하였다.[2] 설문해자라는 책 이름을 보면 '文을 설명하고, 字를 풀이한다(說文解字)'는 뜻인데, 文은 독체자를 뜻하고 字는 합체자를 뜻한다.

---

2 허신은 540개 부수를 세웠는데, 후대로 가면서 부수법도 발전하였고 청나라 때 만들어진 『강희자전(康熙字典)』의 214개 부수로 정착되었다. 지금 우리나라에서 만들어지는 모든 한자 관련 자전(字典)과 사전(詞典)은 모두 『강희자전(康熙字典)』의 214 부수를 따르고 있다.

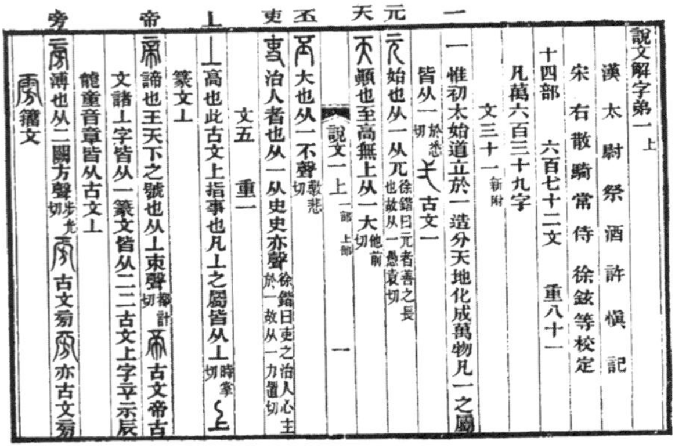

[그림 1[3]]

2.3 육서(六書)

육서는 한자가 만들어지는 원리와 운용의 원리를 여섯 가지 항목으로 세워 정립한 한자 분석 이론이다. 물론 한자가 육서에 의하여 만들어진 것은 아니고, 갑골문 이전부터 한자는 자연스럽게 형성되어 후대에 전해졌는데, 후대 사람들이 한자를 연구하면서 조자법(造字法)과 운용의 원리를 귀납하였고, 그것을 육서라고 이름 지은 것이다. 한자 연구에 있어서 동한 시기의 반고(班固), 정중(鄭衆), 허신(許愼)이 유명하였고, 이들 모두 각기 나름대로 육서의 세부 항목을 설명하였다. 위에서 언급한대로 이 가운데 허신의 연구가 가장 체계적이었으므로 허신의 육서에 대한 설명을 소개한다.

3 許愼, 『說文解字』, 北京: 中華書局, 2001년, 7쪽 인용.

① 지사(指事)는 보아서 인식할 수 있고, 자세히 살펴보아서 그 의미를 알 수 있는 것으로 '上', '下'가 이에 속한다.
(指事者, 視而可識, 察而可見, 上下是也.)

② 상형(象形)은 사물의 형체를 그려내는데 그 물체의 윤곽을 따라 그대로 구부리며 그리는 것이며 '日', '月'이 이에 속한다.
(象形者, 畫成其物, 隨體詰詘, 日月是也.)

③ 형성(形聲)은 사물의 공통된 부류를 글자의 편방으로 삼고, 독음이 가까운 소리의 편방을 취해 이 둘이 서로 합하여 글자가 만들어지는 것으로 '江', '河'가 이에 속한다.
(形聲者, 以事爲名, 取譬相成, 江河是也.)

④ 회의(會意)는 글자의 무리(字類)를 나란히 합하여 새로운 뜻을 만들어 가리키는 바를 나타내는 것으로 '武', '信'이 이에 속한다.
(會意者, 比類合誼, 以見指撝, 武信是也.)

⑤ 전주(轉注)는 하나의 부수를 세워 같은 의미를 서로 주고받는 것으로 '考', '老'가 이에 속한다.
(轉注者, 建類一首, 同意相受, 考老是也.)

⑥ 가차(假借)는 글자가 없어 소리에 의거해 의미를 기탁하는 것으로 '令', '長'이 이에 속한다.
(假借者, 本無其字, 依聲託事, 令長是也.)

지사자에서 회의자까지는 오늘날의 해서체 한자뿐만 아니라 갑골문자까지 적용하여도 충분히 설명이 될 정도로 이론적 체계가 탄탄한 것을 알 수 있다. 지사는 상징적인 부호를 사용하여 특정 의미를 나타내는 방식으로 上(윗 상)과 下(아래 하)를 예로 들었다. 실제 갑골문을 보면 기준선을 긋고 위와 아래에 짧은 필획을 더하여 (上), (下)로 썼는데 그 의미를 명확히 알 수 있다. 상형은 실제 존재하는 사물을 그대로 그려 해당 단어를 표기하는 방식이다. 日(해 일)은 태양을 본뜬 글자로 갑골문에서 으로 쓰고, 月(달 월)은 달을 본뜬 글자로 갑골문에서 로 쓴다. 형성은 큰 범주에서의 의미를 나타내는 글자와 해당 단어의 독음을 나타내는 글자를 합하여 만든 합체자이다. 『설문해자』에서 예로든 江(강 강)과 河(강 하)는 모두 물이라는 큰 의미로 水를 구성요소로 하고, 각각 독음을 나타내는 工과 可를 구성요소로 삼는다.[4] 회의는 의미를 나타내는 두 개 이상의 글자를 합쳐 만든 합체자이다. 위에서 예로 든 信(믿을 신)은 人(사람 인)과 言(말씀 언)으로 구성되어 사람의 말에는 신뢰성이 있어야 함을 통하여 '믿음'이라는 뜻을 표기한다. 武(굳셀 무)는 본래 발과 관련된 동작을 나타내는 止(발 지)와 무기를 나타내는 戈(창 과)로 구성되어 무기를 들고 가서 싸우는 의미를 나타낸다.

전주와 가차는 비교적 많은 설명이 필요하다. 먼저 가차를 보면 본래 글자가 없어서 소리에 근거하여 의미를 기탁하는 것이라고 하였는데, 이는 동음이의어를 표기하는 방식의 가차의를 설명한 것이라고 볼 수 있다. 그런데 예로 든 令(명령할 령)과 長(길 장)은 인신의에 해당

4 강(江)과 공(工), 하(河)와 가(可) 모두 글자의 독음과 소리요소인 工과 可의 독음에 차이가 있다. 그러나 이 글자들 모두 고대에 만들어진 글자로 고대에는 독음이 같았었다. 글자의 모양은 구조적인 측면에서 모양을 그대로 유지해왔지만, 사람의 말소리는 시대에 따라 변해왔기 때문에 일반적으로 형성자의 소리요소인 글자의 독음과 해당 글자의 독음에는 어느 정도 차이가 있다.

하는 것이다. 令은 본래 의미가 '명령하다'인데 의미가 확대되어 '명령하는 사람'으로 되었고, 행정구역인 현(縣)을 다스리는 사람을 현령(縣令)이라 부른다. 長 역시 본래 의미가 '길다', '성장하다'인데 의미가 확대되어 '우두머리'라는 뜻이 파생되었고, 행정구역 또는 부서를 책임지는 사람을 시장(市長), 부장(部長)이라 부른다. 즉 허신의 설명과 예시에 모순이 있는 것이다. 오늘날 보다 발전된 한자학의 학문적 입장에서 볼 때, 한나라 당시의 학자들은 인신과 가차의 개념을 명확하게 나누어 생각하지 않았고, 한 글자가 여러 가지 의미를 나타내는 경우 모두를 가차로 생각했던 것 같다.

전주는 가장 모호한 것으로, 지금까지도 도대체 어떤 의도를 가지고 육서 안에 한 항목으로 세웠는지 알기 어렵다. 일단 허신의 설명을 다시 정리하면, 동일한 구성요소를 가지면서 서로 의미를 주고받는 것인데 考(생각할 고)와 老(늙을 로)가 이에 해당한는 것이다. 考와 老는 '耂'라는 공통점이 있고, 『설문해자』에서 검색해 보면 '考는 老라는 뜻이다(考, 老也)', '老는 考라는 뜻이다(老, 考也)'라고 나와 있어 서로 의미를 주고받고 있다. 그러나 이러한 예가 실제로 많지 않고, 한자의 원리를 설명하여 이해하는데도 별다른 의미가 없다고 생각된다. 역대 학자들은 전주에 관하여 다양한 논의를 해왔는데, 학자들마다 생각이 다 다르고 그것들을 종합 정리하면 총 9가지로 정리될 정도로 한자학에서는 일종의 미스테리와 같은 문제로 다루고 있다. 이에 대하여 구석규(裘錫圭)라는 학자는 전주라는 것을 제외하고도 한자의 구조와 원리를 설명하는데 전혀 문제가 없다고 생각하였고, 혼란만 가중시키는 전주는 배제하는 것이 낫다고 하였다. 필자는 구석규의 생각에 동

의하며, 여기서는 이 정도로만 전주를 설명하고 넘어가겠다.[5]

2.4 사체이용설(四體二用說)

송나라의 정초(鄭樵)는 육서 가운데 상형, 지사, 회의, 형성은 글자를 생성하는 원리인 '경(經)'이고, 전주와 가차는 글자를 운용하는 방법인 '위(緯)'라고 주장하였다. 상형은 제 스스로 생겨난 것의 형태를 본뜬 것이고, 지사는 사람이 만든 사물을 가리키는 것으로, 이 두 가지는 문(文)이다. 이러한 몇 개의 문(文)을 합하여 만든 회의와 해성(諧聲)은 자(字)로서, 상형, 지사, 회의, 해성 네 가지는 모두 자(字)의 체(體)임과 동시에 자(字)를 만드는 원리이다. 그러나 전주와 가차는 자(字)를 만드는 원리가 아니라 네 가지 체(體)를 운용하는 방법이다. 이것이 정초의 새로운 분류 방식이다.

청대(淸代)의 대진(戴震)은 상형, 지사, 회의, 형성을 서(書)의 '體'로 보고, 전주와 가차를 書의 '用'으로 보는 '사체이용설(四體二用說)'을 주장하였다. 정초가 말한 것과 명칭은 다르지만 결국 내용은 같은 것으로, 모두 전주와 가차를 용자법(用字法)으로 보는 것이다. 사체이용설

---

5 전주를 배제하는 것이 전주에 대한 연구가 더 이상 전혀 필요 없다는 것은 아니다. 한자를 이론적으로 설명하는데 있어서, 전주를 제외하고도 얼마든지 설명이 가능하기 때문에 배제하자는 것이다. 허신이 어떠한 의도를 가지고 전주를 항목으로 세웠고, 왜 그러한 설명이 필요했는지에 관하여는 앞으로 지속적인 연구를 통하여 밝혀 가야 할 것이다.

은 한대 이후 계속 되어온 육서설에 반기를 들고 새로운 이론을 제시하였다는 면에서 높이 평가되어야 한다. 사체이용설은 이후 단옥재(段玉裁), 주준성(朱駿聲), 왕균(王筠) 등도 채택하여 그 위치를 확고히 넓혀 나갔다. 그러나 이들은 모두 육서에 대한 재분류일 뿐, 새로운 조자이론이라고 볼 수는 없다.[6] 사체이용설을 이해하기 쉽게 육서와 대응되는 사체이용을 표로 나타내면 아래와 같다.

[표 3]

한(漢) 육서(六書)	송(宋)·청(淸) 사체이용(四體二用)
지사(指事) 상형(象形) 형성(形聲) 회의(會意)	조자법(造字法)으로서의 사체(四體)
전주(轉注) 가차(假借)	용자법(用字法)으로서의 이용(二用)

2.5 구석규(裘錫圭)의 삼서설(三書說)

삼서설은 당란(唐蘭), 진몽가(陳夢家) 등 학자들에 의하여 제시된 새로운 이론이다. 갑골문의 발견과 이로 인한 한자학의 발전으로 기존의 육서에 대한 대안으로 글자의 조자원리를 보다 심도 있게 설명한 것이라고 할 수 있다. 여기서는 진몽가의 영향을 받아 삼서설을 정

6 사체이용설에 관하여는 이규갑의 『漢字學教程』의 내용을 참고하여 간단히 정리하였다. 이규갑, 『漢字學教程』, 서울: 차이나하우스, 2015년, 159쪽 참고.

립한 구석규의 삼서설을 간략히 소개하겠다.

구석규는 철저히 고대 한자인 갑골문, 금문 등에 근거하여 글자가 만들어지는 방식을 먼저 크게 두 가지로 나누었는데, 표의자(表意字)와 형성자(形聲字)이다. 표의자는 다시 추상자(抽象字), 상물자(象物字), 지시자(指示字), 상물자식 상사자(象物字式 象事字), 회의자(會意字), 변체자(變體字)로 나누었고, 여기서 회의자를 다시 도형식회의자(圖形式會意字), 편방 사이의 위치관계를 이용한 회의자, 주체와 기관의 회의자, 동일편방을 중복해 만든 회의자 등으로 나누었다. 형성자는 소리요소가 들어간 글자들인데, 이를 다시 표의자에 음부(音符)를 더한 것, 표의자의 일부분을 음부로 교체한 것, 기존의 글자에 의부(意符)를 더한 것, 형성자의 편방을 바꾼 것 등 네 가지로 나누었다. 그리고 여기에 가차자(假借字)를 더하여 삼서가 정립된다.[7] 조자원리라는 측면에서 보면 구석규의 삼서설 역시 기존 육서의 재분류라고 할 수 있지만, 갑골문을 근거로 보다 심도 있게 글자가 만들어지는 원리를 밝혔다는 측면에서는 높이 평가할 만하다.

여기서 한 가지 의문을 제기할 수 있다. 왜 구석규는 삼서에 글자의 조자원리가 아닌, 운용원리에 해당하는 가차를 넣었을까? 표의자와 형성자는 글자가 만들어지는 조자법이 분명하지만, 가차는 기존에 있는 글자를 사용하여 동음이의어를 표기하는 방식일 뿐 결코 조자법이 아니다. 필자의 이해에 따르면 이는 '언어를 기록한 부호체계'로서의 문자라는 투철한 개념이 구석규의 삼서설에 반영되어 있기 때문이

7 裘錫圭,『文字學概要(修訂本)』, 北京: 商務印書館, 2015년, 114~197쪽 참고.

라고 할 수 있다. 문자가 언어를 표기하기 위해 만들어진 것이라면, 해당 언어의 수많은 단어들은 그것을 표기할 수 있는 문자부호들과 대응될 수 있어야 한다. 구석규의 삼서에 가차가 들어간 이유는, 표의자와 형성자를 통하여 해당 언어의 단어들을 대응시키고, 그것만으로는 한계가 있기 때문에 가차를 활용하여 추상적인 개념의 단어들을 대응시킨 것이라고 할 수 있다. 즉 조자법이 아니라고 할지라도, 결국 문자부호들의 역할은 해당 언어를 구성하는 단어와 대응되며 표기할 부호로 충당이 되어야 하는데, 가차라는 것이 단어를 표기하는 부호로 충당되는 큰 역할을 하기 때문이 아닌가 한다. 구석규의 삼서설을 이해하기 쉽게 육서와 대응되는 삼서를 표로 나타내면 아래와 같다.

[표 4]

<table>
<tr><th>육서(六書)</th><th colspan="2">삼서(三書)</th></tr>
<tr><td>지사(指事)</td><td>추상자(抽象字)
지시자(指示字)</td><td rowspan="3">표의자(表意字)</td></tr>
<tr><td>상형(象形)</td><td>상물자(象物字)
상물자식 상사자(象物字式 象事字)</td></tr>
<tr><td>회의(會意)</td><td>도형식회의자(圖形式會意字)
편방 사이의 위치관계를 이용한 회의자
주체와 기관의 회의자
동일편방을 중복해 만든 회의자</td></tr>
<tr><td>형성(形聲)</td><td>표의자에 음부(音符)를 더한 것
표의자의 일부분을 음부로 교체한 것
기존의 글자에 의부(意符)를 더한 것
형성자의 편방을 바꾼 것</td><td>형성자(形聲字)</td></tr>
<tr><td>가차(假借)</td><td>가차자(假借字)</td><td>가차자(假借字)</td></tr>
</table>

3. 한자 자형의 구성요소, 필획(筆劃)과 편방(偏旁)

3.1 필획

필획이란 글자를 쓰는 도구와 재료가 만났다가 떨어질 때까지의 필기도구가 필기재료 위에서 이동하며 남긴 흔적을 말한다. 한자의 모양을 형성하는 모든 점과 선은 한자의 필획이 된다. 한자를 구성하는 기본적인 필획은 해서체를 기준으로 一(橫), 丨(竪), ノ(撇), 丶(點), 乛(折), ㇀(提), ㇏(捺), 亅(鉤)의 8종류로 정리할 수 있다. 이에 더하여 기본 필획에서 변형된 파생 필획까지 하면 대략 30종류가 된다. 한자를 쓸 때는 이러한 기본적인 필획을 사용하는데, 자형의 아름다움을 위하여 일정한 순서를 가지고 써내려간다. 이를 필순(筆順)이라 한다. 아래 기본적인 필순에 따른 글자의 예를 제시하니 이를 참고하여 쓰는 연습을 하면 한자를 쓰는데 익숙해짐과 동시에 좀 더 보기 좋게 쓸 수 있을 것이다.[8]

橫을 먼저 쓰고 竪를 나중에 쓴다: 十, 干, 王

8 필순은 쓰는 사람마다 조금씩 기준이 다를 수 있는데, 여기서는 소배성(蘇培成)의 『現代漢字學綱要』에 소개된 기준을 제시한다. 그리고 소배성의 책에서는 간체자(簡體字)를 기준으로 소개하였기 때문에, 몇 가지 글자의 예시는 필자가 임의대로 바꾸었다. 소배성 저, 이규갑 역, 『現代漢字學』, 서울: 학고방, 2007년, 122~124쪽 참고.

撇을 먼저 쓰고 捺을 나중에 쓴다: 八, 人, 入

윗쪽을 먼저 쓰고 아랫쪽을 나중에 쓴다: 三, 京, 高

왼쪽을 먼저 쓰고 오른쪽을 나중에 쓴다: 川, 衍, 做

바깥쪽을 먼저 쓰고 안쪽을 나중에 쓴다: 月, 勻, 同

중간을 먼저 쓰고 양쪽을 나중에 쓴다: 小, 水, 永

울타리 부분을 먼저 하고 입구를 나중에 막는다: 回, 目, 國

3.2 편방

편방이란 합체자의 구성요소를 말한다. 본래는 합체자의 왼쪽 부분을 편(偏)이라 하고, 오른쪽 부분을 방(旁)이라 하였는데 나중에는 좌우와 상하를 구분하지 않고, 모든 합체자의 구성요소를 편방이라 부르게 되었다. 예를 들어 婚(혼인할 혼)은 女와 昏으로 구성되어 있고, 集(모을 집)은 隹와 木으로 구성되어 있으며, 區(지경 구)는 匸와 品으로 이루어져 있는데, 각각의 글자를 구성하는 독립적 글자인 女·昏·隹·木·匸·品 등을 편방이라 한다. 여기서 각각의 편방에 따라 의미를 나타내기도 하고, 독음을 나타내기도 한다. 의미를 나타내는 편방을 의부(義符) 또는 형부(形符)라고 부르고, 독음을 나타내는 편방을 음부(音符) 또는 성부(聲符)라 부른다. 편방은 본래 독립할 수 있는 독체자인데 한 글자의 일부분인 편방으로 들어갈 때, 간혹 모양에 변형이 일어나기도 한다. 예를 들면 아래와 같다.

人: 介(人), 代(亻)
心: 想(心), 情(忄), 恭(㣺)
水: 沓(水), 液(氵), 求(氺)
火: 炙(火), 炬(火), 烹(灬)
艸: 花(++)
刀: 切(刀), 刑(刂)
辵: 道(辶)
肉: 腐(肉), 肝(月)
衣: 袠(衣), 裸(衤)
示: 祭(示), 神(示)/神(ネ)

한자 한 글자의 구조는 크게 좌우구조, 상하구조, 포위구조, 걸침구조로 나눌 수 있다. 구조에 따라 편방이 조합된 예를 표로 나타내면 아래와 같다.

[표 5]

구조	글자 예
좌우 구조	休(人+木), 江(水+工), 加(力+口)
상하 구조	姜(羊+女), 焚(林+火), 雲(雨+云)
포위 구조	國(囗+或), 匠(匚+斤), 氣(气+米)
걸침 구조	巫, 爽, 承

4. 한자 검색을 위한 공통 성분, 부수(部首)

부수는 편방과는 또 다른 개념이다. 부수는 오직 글자 검색의 편리를 위하여 고안된 것으로 한 글자의 필획과 편방 모두 부수가 될 수 있다. 부수를 처음 고안한 사람은 허신으로 『설문해자』에 수록된 9,353개의 글자 검색을 편리하게 하기 위하여 의미를 나타내는 편방이 동일한 글자들을 하나로 묶어 부(部)를 세웠는데, 공통 성분인 편방을 대표 글자로 하여 이를 부수라 칭하였다. 총 540개의 부수를 세웠고, 부수도 의미와 모양에 따라 一에서 亥까지 비슷한 모양과 의미로 분류하여 나열하였다. 그러나 540개 부수는 그 수가 너무 많고 배열순서도 나름 근거가 있다고 하지만, 검색에는 여전히 불편함을 안고 있었다.[9] 많은 세월이 흘러 역대로 자전을 편찬하는 사람마다 부수를 개선하여 나갔고, 청나라 강희황제(康熙皇帝)의 칙령으로 만들어진 『강희자전(康熙字典)』에 이르러 214개 부수로 정착되며, 지금까지도 제작 및 출판되는 자전들은 대다수 이 214부수를 근간으로 한다.

『강희자전』은 총 47,073자를 수록하였는데, 一에서 龠까지 214개의 부수를 세워 필획수에 근거하여 아래와 같이 나열하였다.

---

9 540이라는 숫자는 6에 9를 곱한 수인 54의 10배수이다. 고대 중국인들은 숫자에 신비한 의미를 부여하였는데, 『주역(周易)』이라는 책에 근거하면 6은 음을 상징하고 9는 양을 상징하는 숫자이다. 허신은 음과 양을 상징하는 두 숫자를 곱하여 우주의 삼라만상을 담아내는 상징으로 삼은 것이다. 부수를 54개로 삼기에는 너무 숫자가 적기에 10배를 하여 540이 되었다. 아쯔지 데쯔지 저, 심경호 역, 『漢字學 - -『說文解字』의 세계』, 이화문화사, 1996년, 173~174쪽 참고.

[표 6]

획수	부수
1획	一(한 일) 丨(뚫을 곤) 丶(점 주) 丿(삐침 별) 乙(새 을) 亅(갈고리 궐)
2획	二(두 이) 亠(머리 두) 人(사람 인) 儿(어진사람 인) 入(들 입) 八(여덟 팔) 冂(멀 경) 冖(덮을 멱) 冫(얼음 빙) 几(안석 궤) 凵(입벌릴 감) 刀(칼 도) 力(힘 력) 勹(쌀 포) 匕(비수 비) 匚(상자 방) 匸(감출 혜) 十(열 십) 卜(점 복) 卩(병부 절) 厂(기슭 엄) 厶(사사 사) 又(또 우)
3획	口(입 구) 囗(에울 위) 土(흙 토) 士(선비 사) 夂(뒤져서 올 치) 夊(천천히 걸을 쇠) 夕(저녁 석) 大(큰 대) 女(여자 녀) 子(아들 자) 宀(집 면) 寸(마디 촌) 小(작을 소) 尢(절름발이 왕) 尸(주검 시) 屮(싹날 철/ 왼손 좌) 山(뫼 산) 巛(내 천) 工(장인 공) 己(몸 기) 巾(수건 건) 干(방패 간) 幺(작을 요) 广(집 엄) 廴(길게걸을 인) 廾(두손으로 받들 공) 弋(주살 익) 弓(활 궁) 彐(돼지머리 계) 彡(터럭 삼) 彳(조금걸을 척)
4획	心(마음 심) 戈(창 과) 戶(지게문 호) 手(손 수) 支(지탱할 지) 攴(칠 복) 文(글월 문) 斗(말 두) 斤(도끼 근) 方(모 방) 无(없을 무) 日(날 일) 曰(가로 왈) 月(달 월) 木(나무 목) 欠(하품 흠) 止(그칠 지) 歹(뼈 앙상할 알) 殳(창 수) 毋(말 무) 比(견줄 비) 毛(털 모) 氏(각시 씨) 气(기운 기) 水(물 수) 火(불 화) 爪(손톱 조) 父(아비 부) 爻(사귈 효) 爿(나뭇조각 장) 片(조각 편) 牙(어금니 아) 牛(소 우) 犬(개 견)
5획	玄(검을 현) 玉(구슬 옥) 瓜(오이 과) 瓦(기와 와) 甘(달 감) 生(날 생) 用(쓸 용) 田(밭 전) 疋(필 필) 疒(병들어기댈 녁) 癶(등질 발) 白(흰 백) 皮(가죽 피) 皿(그릇 명) 目(눈 목) 矛(창 모) 矢(화살 시) 石(돌 석) 示(보일 시) 禸(발자국 유) 禾(벼 화) 穴(구멍 혈) 立(설 립)

6획	竹(대 죽) 米(쌀 미) 糸(실사) 缶(장군 부) 网(그물 망) 羊(양 양) 羽(깃 우) 老(늙을 로) 而(말 이을 이) 耒(쟁기 뢰) 耳(귀 이) 聿(붓 율) 肉(고기 육) 臣(신하 신) 自(스스로 자) 至(이를 지) 臼(절구 구) 舌(혀 설) 舛(어그러질 천) 舟(배 주) 艮(그칠 간) 色(빛 색) 艸(풀 초) 虍(호피무늬 호) 虫(벌레 충{훼}) 血(피 혈) 行(갈 행) 衣(옷 의) 襾(덮을 아)
7획	臼(절구 구) 見(볼 견) 角(뿔 각) 言(말씀 언) 谷(골 곡) 豆(콩 두) 豕(돼지 시) 豸(발없는벌레 치) 貝(조개 패) 赤(붉을 적) 走(달릴 주) 足(발 족) 身(몸 신) 辛(매울 신) 辰(지지 진) 辵(쉬엄쉬엄 갈 착) 邑(고을 읍) 酉(닭 유) 釆(분별할 변) 里(마을 리) 車(수레 거)
8획	金(쇠 금/성 김) 長(길 장) 門(문 문) 阜(언덕 부) 隶(미칠 이) 隹(새 추) 雨(비 우) 靑(푸를 청) 非(아닐 비)
9획	面(낯 면) 革(가죽 혁) 韋(다룸가죽 위) 韭(부추 구) 音(소리 음) 頁(머리 혈) 風(바람 풍) 飛(날 비) 食(밥 식) 首(머리 수) 香(향기 향)
10획	馬(말 마) 骨(뼈 골) 高(높을 고) 髟(드리워질 표) 鬥(싸울 두{각,투}) 鬯(울창주 창) 鬲(막을 격{솥 력}) 鬼(귀신 귀)
11획	魚(고기 어) 鳥(새 조) 鹵(소금 로) 鹿(사슴 록) 麥(보리 맥) 麻(삼 마)
12획	黃(누를 황) 黍(기장 서) 黑(검을 흑) 黹(바느질할 치)
13획	黽(힘쓸 민) 鼎(솥 정) 鼓(북 고) 鼠(쥐 서)
14획	鼻(코 비) 齊(가지런할 제)
15획	齒(이 치)
16획	龍(용 룡) 龜(거북 귀/ 땅이름 구/ 터질 균)
17획	龠(피리 약)

그리고 각 부수에 속한 글자들을 부수를 제외한 나머지 필획수에 따라 배열하였다. 부수는 기본적으로 여러 편방으로 구성된 글자가 있을 때, 편방 중에 하나를 부수로 선정하는데 선정의 원칙이 있다. 예를 들면, 字라는 글자는 宀과 子 두 개의 편방으로 구성되었는데, 어느 것을 부수로 선정해야 할까?[10] 부수의 선정 원칙을 정리하면 아래와 같다.[11]

상과 하에 있는 것은 위의 편방을 부수로 한다.
含(人부), 思(田부), 美(羊부)

좌와 우에 있는 것은 왼쪽의 편방을 부수로 한다.
相(木부), 魁(鬼부), 洪(水부)

안과 밖에 모두 있는 것은 바깥쪽의 편방을 부수로 한다.
悶(門부), 因(口부), 旬(勹부)

중좌(中坐)와 좌상각(左上角)에 모두 있는 것은 중좌에 있는 편방을 부수로 한다.
坐(土부), 半(丨부)

하와 좌상각, 혹은 우와 좌상각에 모두 있는 것은 아래나 오른쪽에 있는 편방을 부수로 한다.
渠(木부), 努(力부), 凱(几부), 肄(聿부)

---

10 심도 있게 이야기 하자면 자전마다 부수를 선정하는 방식이 조금씩 다르다. 『강희자전』은 字의 부수를 子로 삼았고, 『한어대자전(漢語大字典)』은 宀을 부수자로 삼았다.

11 부수의 선정 원칙은 이규갑의 『한자의 즐거움』에 소개된 원칙을 그대로 인용한다. 이규갑, 『한자의 즐거움』, 서울: 차이나하우스, 2016년, 166쪽 인용.

동일한 위치에 필획이 많은 부수자와 적은 부수자가 섞여 있을 때는 필획이 많은 글자를 부수자로 한다.

章, 竟, 意: 音을 부수로 함

磨, 靡, 糜: 麻를 부수로 함.

한 획 부수와 여러 획 부수가 모두 있을 때는 여러 획 부수자를 부수로 한다.

吾: 一과 口 중에 口를 부수로 함.

3부

한자, 자원 탐구

1. 한자의 자원, 어떻게 알 수 있나

한자 낱글자의 자원을 알기 위해서는 먼저 중국 고문자학의 연구 성과를 참고해야 한다. 한자는 갑골문부터 시작되어 지금의 해서체에 이르기까지, 역사적 연속성을 가지며 꾸준히 변화해왔다. 3,000년 이상의 시간을 보내며 사장(死藏)되지 않고 사라지지 않은 문자는 전 세계에서 중국 최고(最古)의 문자인 상나라 갑골문이 유일할 것이다. 따라서 우리는 어떤 글자의 자원을 알고 싶다면 그 글자의 가장 원형인 갑골문 자형을 찾는 것부터 시작해야 한다. 그리고 그 글자가 나타내는 고대부터 지금까지의 자의(字義)를 찾아 갑골문 자형과 대조하며 최초 의미인 본의(本義)를 탐구해나가는 것이다. 그 가운데 허신의 『설문해자』의 설명을 참고할 수 있는데, 허신은 갑골문을 보지 못하고 『설문해자』를 썼기 때문에 오류가 있을 수 있다는 것을 감안하여, 맹신하는 태도는 경계해야한다. 여기서는 月(달 월)/夕(저녁 석), 北(북녘 북), 采(캘 채) 세 가지 예를 가지고 설명하겠다.

(1) 月/夕

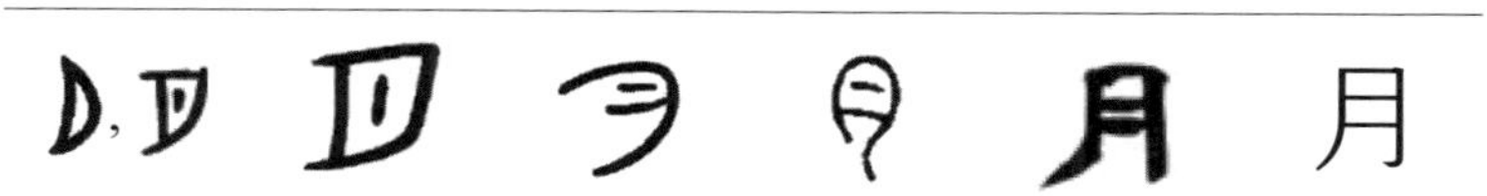

甲骨文 金文 戰國文字 小篆 隸書 楷書

甲骨文	金文	戰國文字	小篆	隸書	楷書

月과 夕은 동일한 글자에서 분화되어 나온 것이다. 본래 반달을 상형하여 달을 의미하는 {月}과 저녁을 의미하는 {夕}을 표기하였다. 한 글자가 두 가지 의미적 관련이 있는 두 개의 단어를 표기했기 때문에, 구분을 위하여 글자 안에 짧은 필획을 더하여 과 으로 나뉘어졌다. 훗날 필획을 더한 이 月로 발전하였고, 이 夕으로 발전하였다. 月과 夕 모두 달과 저녁이라는 의미를 가지는데, 실제 갑골문이 상형자로서 달을 본뜬 것이기 때문에 두 글자의 자원을 쉽게 파악할 수 있다.

(2) 北

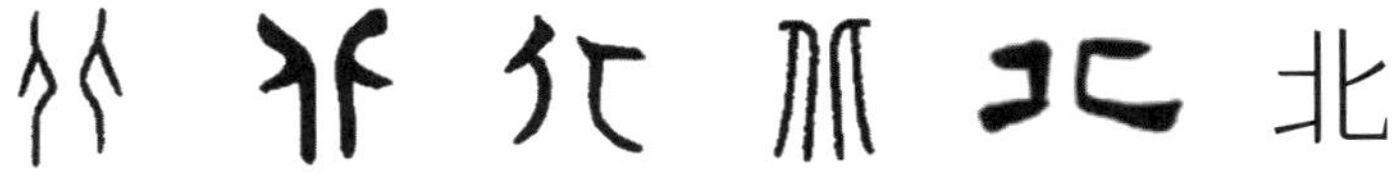

甲骨文	金文	戰國文字	小篆	隸書	楷書

北은 북쪽이라는 뜻을 가진 글자이다. 그런데 갑골문을 보면 으로 두 사람이 서로 등을 지고 있는 모양을 하고 있다. 이를 통하여 '등' 또는 '등지다'는 의미를 가지고 있는 것으로 추정할 수 있는데, 北자의 고대 의미를 보면 실제로 신체부위인 '등'이라는 뜻을 찾을 수 있

다. 이를 통하여 北이 북쪽이라는 뜻을 나타내는 것은 가차된 것임을 알 수 있는데, 일반적으로 가차된 의미가 해당 글자의 주된 의미로 사용될 때, 이를 구분하기 위하여 신체부위를 의미하는 肉(月)자를 더하여 따로 글자가 만들어진다. 그것을 후기자(後起字)라고 부르는데, 北의 본래 의미를 나타내는 背(등 배)자가 바로 北의 후기자이다. 즉 가장 오래된 원형의 글자를 찾아 형상을 분석하고, 그에 상응하는 후기자를 찾아내어 맞춰본다면 자원을 명확히 알 수 있는 보조 증거로 성립할 수 있다.

(3) 采

甲骨文	金文	戰國文字	小篆	隸書	楷書

采는 '캐다', '뜯다', '채취하다' 등의 의미를 나타낸다. 실제 갑골문을 보면 으로 손으로 나무에 달린 열매를 따는 형상을 취하고 있다. 본래 의미가 '뜯다', '채취하다'인데 의미가 확대되어 '채택하다', '선택하다'는 뜻으로 사용되기도 하고, 가차되어 '풍채'라는 뜻으로 사용되기도 한다. 이 글자 역시 의미의 구분을 위하여 손을 뜻하는 手(扌)자를 더하여 採(캘 채)자가 후기자로 만들어졌다.

위와 같은 방식으로 한자 낱글자의 자원을 알려면 먼저 가장 오래된 자형을 찾아 분석하고, 해당 글자의 의미와 연결하여 생각해보며,

그 글자의 인신의나 가차의 때문에 파생된 후기자를 찾아 대조해보면서 자원을 밝혀 가야 한다. 물론 이러한 작업 이전에 고대 한자를 전문적으로 연구하는 중국 고문자학 분야의 연구 성과를 충분히 활용할 수 있어야 한다. 위에 제시한 예와 달리 글자의 자원을 알기가 매우 어려운 경우도 허다한데, 그것은 갑골문이나 금문의 자형만 가지고는 자원을 유추하기 힘들 정도로 글자 모양이 너무 단순하거나 추상적이어서 자형과 의미의 상관관계를 알기 어렵기 때문이다. 이처럼 자원을 파악하기 어려운 글자는 섣불리 상상력만 발휘하여 결론을 내리는 것보다, 학계에서 새롭게 제시되는 고문자학의 연구 성과들을 통하여 천천히 조심스럽게 밝혀 가는 것이 옳다.

2. 낱글자 자원을 직접 탐구해 보자

❑ 气(기운 기; 气 - 총 4획; qì) 氣(기운 기; 气 - 총 10획; qì)

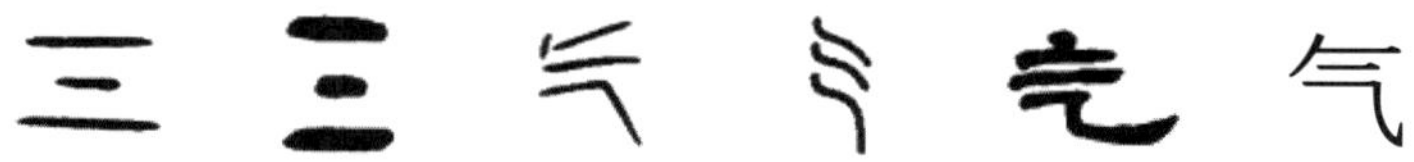

甲骨文	金文	戰國文字	小篆	隸書	楷書

甲骨文	金文	戰國文字	小篆	隸書	楷書

자원해설

气와 氣는 원래 서로 전혀 다른 글자였다. '기운'이라는 의미를 가진 단어를 위해 만들어진 최초의 글자가 气이다. 『설문해자』는 소전을 근거하여 운기(雲氣)를 본뜬 글자라고 하였는데, 갑골문 자형 三이 세상에 알려진 이후에도 설문해자의 해석을 벗어난 주장은 없었다. 2014년 베이징대학 뚜칭위(杜清雨) 선생이 三에 대한 새로운 견해를 제시하였는데, 위아래 긴 필획은 하늘과 땅을 나타내고, 가운데 짧은 필획이 천지 사이에 존재하는 공기(空氣), 기체(氣體)를 나타내는 지사자라는 주장이었다. 필자는 두 선생의 주장이 가장 합리적인 견해라 생각하여 이를 따른다. 氣자는 본래 '손님에게 양식을 증정하다'는 뜻을 가진 글자로, 의미부호 米와 소리부호 气로 이루어진 형성자이다. 전국시대부터 지금까지 '기운'이라는 의미와 전혀 관련이 없는 氣자를 가지고 '기운'을 의미하는 {气}를 표기하였다. 중국 대륙에서는 간체자를 사용하기 시작하면서 氣자 대신 본래 글자인 气자를 쓰고 있다.

활용단어

기상(氣象) 기후(氣候) 기세(氣勢)
기운(氣運) 기분(氣分) 기승(氣勝)
향기(香氣) 감기(感氣) 용기(勇氣)

❑ 內(안 내; 入 - 총 4획; nèi) 入(들 입; 入 - 총 2획; rù)

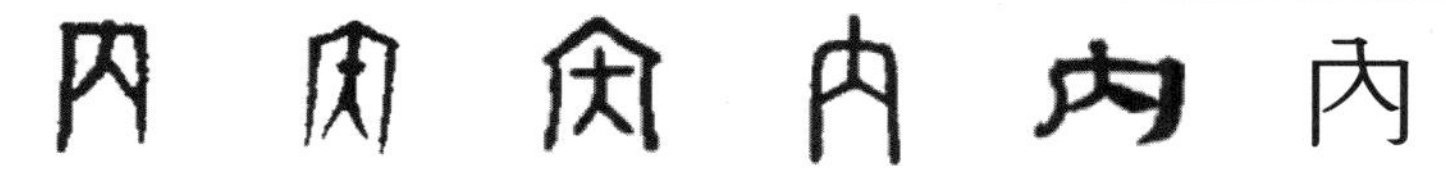

甲骨文	金文	戰國文字	小篆	隸書	楷書

甲骨文	金文	戰國文字	小篆	隸書	楷書

자원해설

內는 어떤 공간에 사물이 진입하는 것을 추상적 부호로 나타낸 지사자이다. 入(들 입)은 內에서 분화되어 나온 글자로 공간을 나타내는 冂을 생략한 것이다. 즉 內의 본래 의미는 '안으로 들어가다'인데, 여기서 의미가 인신되어 안팎의 '안'이라는 뜻이 나왔고, 內에서 분화된 入은 '안으로 들어가다'는 뜻만을 전담하게 되었다. 그리고 '안으로 들어가다'라는 의미가 다시 인신되어 '안으로 들어가게 하다', '들이다'는 뜻이 나오자, 이를 위해 발음이 같은 納(들일 납)자를 가지고 '들이다'는 뜻을 전담하도록 하였다. 사실 納의 본래 의미는 '옷이 젖다'는 뜻이었다. 고대 중국문헌에서는 {內}, {入}, {納} 세 가지 단어를 內, 入 두 글자가 모두 나타낼 수 있었고, 후대로 가면서 內(안), 入(들어가다), 納(들이다) 세 글자가 각각 세 가지 의미를 분담하게 되었다.

활용단어

내용(內容)	내수(內需)	내포(內包)
내장(內臟)	내륙(內陸)	외유내강(外柔內剛)
입시(入試)	입장(入場)	수입(輸入)
구입(購入)	잠입(潛入)	점입가경(漸入佳境)

❑ 交(사귈 교; 亠 - 총 6획; jiāo) 爻(효 효; 爻 - 총 4획; yáo)

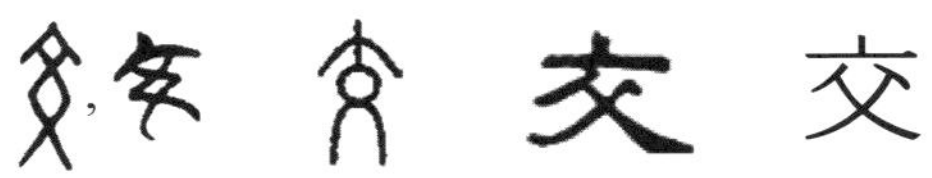

甲骨文 金文 戰國文字 小篆 隸書 楷書

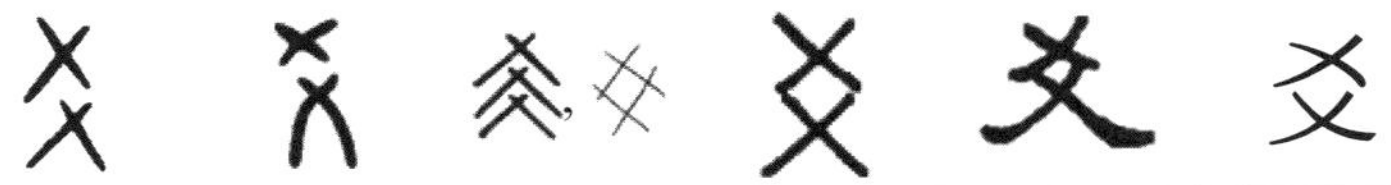

甲骨文 金文 戰國文字 小篆 隸書 楷書

자원해설

필획을 교차시켜 추상적인 의미인 교차(交叉)를 나타낸 지사자이다. 이전에는 交자에 대하여 '사람이 다리를 꼬고 있는 형상'을 본뜬 글자라고 보는 설이 지배적이었다. 그 이유는 『설문해자』에 "다리를 교차시켰다는 뜻이다. 大로 구성되었고, 교차된 모양을 상형한 것이다(交脛也. 从大, 象交形.)"라고 기록된 것, 그리고 갑골문에 출현하는

''자가 지금의 交자와 자형의 측면에서 직접적인 연관이 있다는 것 두 가지였다. 그러나 구석규(裘錫圭)의 고증에 의하여 갑골문의 ''자는 본래 곱사등이를 나타내는 글자(尪, 곱사등이 왕)로 '黃'(, , )자의 본자(本字)임이 입증되었다. 전국문자 단계부터 출현하는 交자의 고문자 자형 ,  등을 봐도 갑골문 ''자와는 거리가 있어 보인다. 따라서 交자는 단순히 필획을 교차시켜 만든 글자로, 본래 의미가 '교차(交叉)'이며, 여기서 '사귀다', '주고 받다', '건네다' 등의 의미가 인신되어 나왔다.

爻()자는 갑골문 시기부터 등장하는데, 필획을 교차시켜 만든 글자이다. 추정컨대 爻와 交의 관계는 마치 間/閒, 巨/矩, 考/老와 마찬가지로 동일한 글자에서 爻/交로 분화되었을 가능성이 크다. 『주역(周易)』에서 하나의 괘(卦)는 음효(陰爻)와 양효(陽爻)가 서로 교착되면서 형성되는데, 爻의 의미가 본래 교차(交叉)이기 때문에 爻가 주역의 효(爻)를 나타내게 된 것이다.

활용단어

교체(交替)	교섭(交涉)	교류(交流)
교환(交換)	교제(交際)	관포지교(管鮑之交)
수효(數爻)	음효(陰爻)	양효(陽爻)

❑ 公(공변될 공; 八 - 총 4획; gōng)

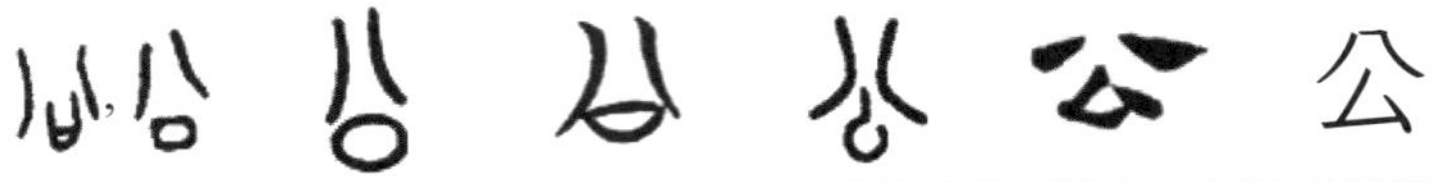

甲骨文	金文	戰國文字	小篆	隸書	楷書

자원해설

전통적인 해석은 公자를 八(分의 本字)과 厶(사사로울 사)로 이루어진 회의자로 본다. 한비자(韓非子)는 八에 背(위배되다)의 뜻이 있음을 근거하여 "公이라는 것은 사사로운 것과 반대되는 것(背私爲公)"이라고 해석하였다. 그러나 갑골문 자형을 보면, 公자는 본래 또는 으로 '나누다'는 뜻을 가진 八과 단순구별부호 口로 이루어진 글자임을 알 수 있다. 八(여덟 팔)은 본래 어떤 사물이 둘로 나뉘는 것을 나타낸 지사자(指事字)로서, 숫자 8은 가차된 것이고, 본래 의미를 강조하기 위해 刀(칼 도)를 더해 만들어진 후기자가 바로 分(나눌 분)자이다. 公의 갑골문 하단을 보면 ()와 () 두 가지 편방이 통용된 것을 볼 수 있는데, 이는 고문자단계에서 자주 보이는 현상이다.[(口)⇔, (口)⇔(凵)] 다시 정리하면 公자는 '공평하게 나누다'는 의미에서 八을 의미부호로 삼고, 여기에 구별부호 '' 또는 ''를 더하여 만든 글자이다. 나중에 가 마치 弘, 強의 예처럼 점차 厶로 변형되어 지금의 公자가 되었다.

활용단어

공공(公共) 공천(公薦) 공약(公約)
공인(公認) 공직(公職) 우공이산(愚公移山)

❑ 甘(달 감; 甘 - 총 5획; gān)

甲骨文 金文 戰國文字 小篆 隸書 楷書

자원해설

입 안에 음식물이 있는 것을 '점'을 찍어 표현한 글자로, '맛이 좋다', '달다'는 뜻의 단어 {甘}을 나타낸다.

활용단어

감수(甘受) 감초(甘草) 감언이설(甘言利說)
자감(自甘) 감차(甘茶) 감주(甘酒)

❑ 今(이제 금; 人 - 총 4획; jīn)

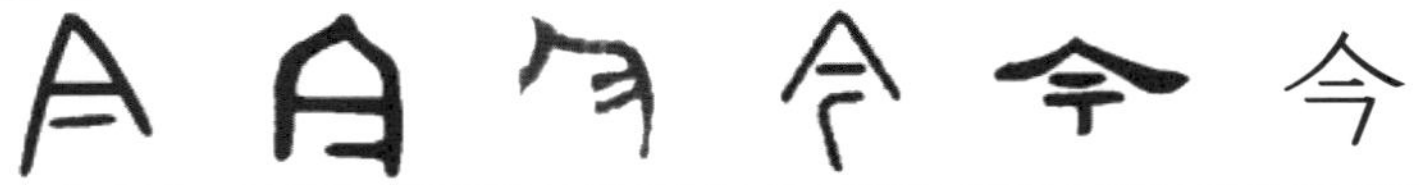

甲骨文	金文	戰國文字	小篆	隸書	楷書

자원해설

曰(가로 왈)을 거꾸로 뒤집어 놓은 형태이다. (曰)은 口에 말소리를 나타내는 지사부호로 필획을 하나 더해 만든 글자인데, 이를 뒤집어 입을 다물어 말하지 않는다는 의미를 담았다. 가차하여 '이제', '지금' 등의 의미로 쓰이자, 훗날 口를 더하여 噤(입 다물 금)자가 만들어졌다. 고문헌에 '입을 다물다'는 뜻으로 吟자를 쓴 예가 있는데(雖有舜禹之智, 吟而不言, 不如瘖聾之指麾也.『사기(史記)』), 나중에 今을 동일한 독음인 禁으로 바꿔 噤자를 썼다.

활용단어

금방(今方)	금주(今週)	작금(昨今)
지금(只今)	금번(今番)	금시초문(今時初聞)

❑ 丹(붉을 단; 丶 - 총 4획; dān)

甲骨文	金文	戰國文字	小篆	隸書	楷書

자원해설

단사(丹砂)를 본뜬 상형자이다. 안의 점이 붉은색의 황화광물인 단사를 나타내고, 은 광물을 채굴하는 채굴장을 표현한 것이다. 井(우물 정)자의 갑골문은 인데, 땅을 파서 지하수를 끌어올리는 공간을 표현한 것이다. 丹자의 갑골문 과 井자의 갑골문 , 둘을 비교해 볼 때, 丹자의 과 (井)은 밀접한 관련이 있다고 할 수 있다. 그러므로 은 채굴장()에 있는 단사(-)를 본뜬 상형자라는 것을 알 수 있다.

활용단어

단장(丹粧)　　단청(丹靑)　　일편단심(一片丹心)

❑ 直(곧을 직; 目 - 총 8획; zhí) 德(덕 덕; 彳 - 총 15획; dé)

甲骨文	金文	戰國文字	小篆	隸書	楷書

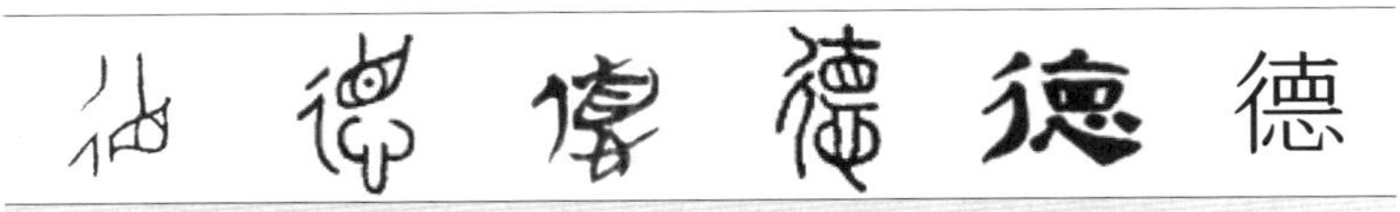

甲骨文	金文	戰國文字	小篆	隸書	楷書

자원해설

德은 直자에서 분화된 글자이다. 直자는 눈(目) 위에 세로로 직선을 그은 형태인데, 이에 대한 학자들의 설만 분분할 뿐, 아직 정해진 설은 없다. 『설문해자』에 "直은 똑바로 보다는 뜻이다(直, 正見也)"는 기록이 있어서, 대체로 학자들은 의 세로 직선이 눈의 시선을 나타낸다고 보았다. 아마도 본래 의미는 설문해자대로 '똑바로 보다'였고, 여기서 의미가 인신되어 '곧다', '정직하다' 등의 뜻이 나온 것으로 추정된다. 德의 갑골문은 왼쪽에 동작을 나타내는 행위부호 '彳'이 들어가 있는데, 실제로 갑골문에서의 용법은 정벌(征伐)과 관련이 있는 행위를 나타냈다. 德이 '도덕', '품덕' 등의 의미를 나타내면서 心자가 추가되었다.

활용단어

덕목(德目) 덕택(德澤) 덕망(德望)

도덕(道德)	미덕(美德)	배은망덕(背恩忘德)
직접(直接)	직속(直屬)	직결(直結)
정직(正直)	수직(垂直)	이실직고(以實直告)

❑ 末(끝 말; 木 - 총 5획; mo)

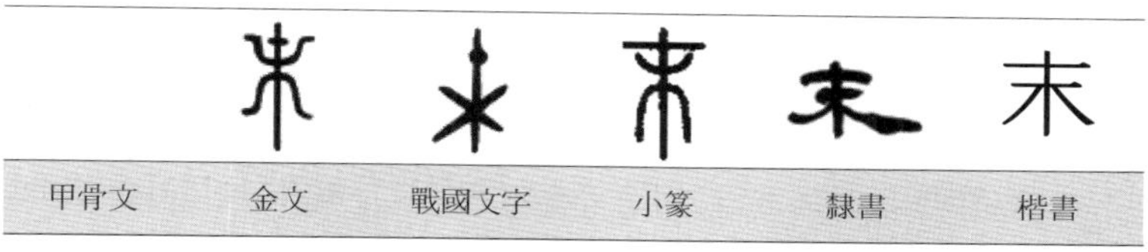

자원해설

나무 위에 지사부호(指事符號)인 필획을 하나 그어 만든 지사자이다. 지사부호로서 더해진 필획은 '나무의 위', '나무의 끝'을 의미하는 부호이며, 末은 '끝', '마지막', '중요하지 않은 것' 등의 의미로 쓰였다.

활용단어

말단(末端)	말엽(末葉)	말세(末世)
전말(顚末)	분말(粉末)	추호지말(秋毫之末)

□ 亡(망할 망; 亠 - 총 3획; wáng)

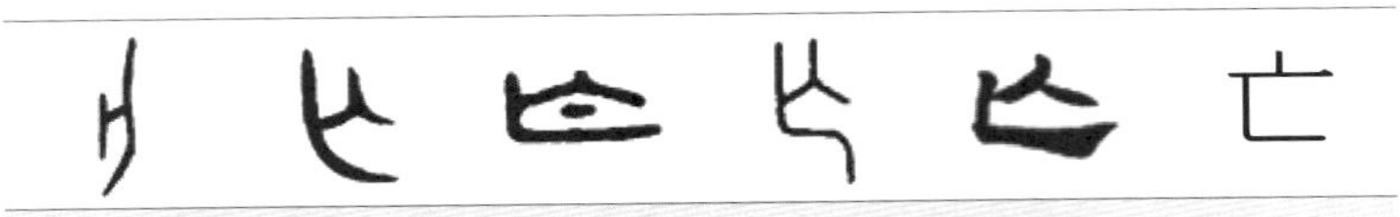

甲骨文 金文 戰國文字 小篆 隸書 楷書

자원해설

亡자는 刃(칼날 인)과 자원을 같이 한다. 칼의 날에 지사부호를 더해 만든 (刃)자처럼 칼날의 아래에 지사부호를 더하여 자를 만들었다. 亡의 본래 의미는 '칼의 끝', '바늘의 끝'인데, 가차되어 '없다', '망하다' 등의 의미로 쓰이자, 본래 의미는 후기자 芒(까끄라기 망)자가 대체하여 나타냈다.

활용단어

망명(亡命) 도망(逃亡) 멸망(滅亡)
쇠망(衰亡) 사망(死亡) 순망치한(脣亡齒寒)

❏ 介(끼일 개; 人 - 총 4획; jiè)

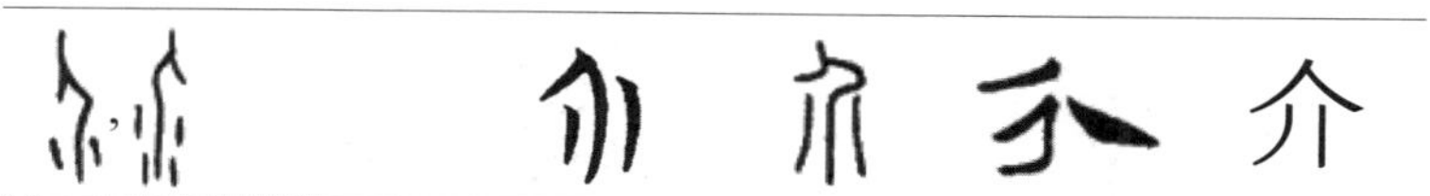

甲骨文	金文	戰國文字	小篆	隸書	楷書

자원해설

갑골문을 보면 사람(人) 앞뒤로 여러 점들을 추가하여 특정 의미를 나타낸 것으로 보인다. 이에 대하여는 사람이 가죽 옷을 입고 있으니, 가죽 사이에 끼어있다는 의미를 나타냈다는 설이 있고, 또 옴, 버짐을 뜻하는 疥(버짐 개)의 본자(本字)라는 설도 있으나 둘 다 정설은 아니고, 정확한 자원이 무엇인지 아직 불분명하다. 人자가 점점 아래로 내려오면서 필획이 둘로 갈라졌고, 앞뒤의 점이 길어지면서 위로 올라가 마치 人자처럼 변형되어 介자가 되었다.

활용단어

소개(紹介) 개입(介入) 매개체(媒介體)
일개(一介) 중개인(仲介人) 개의(介意)

❑ 面(낯 면; 面 - 총 9획; miàn)

甲骨文	金文	戰國文字	小篆	隸書	楷書

자원해설

首(머리 수)의 얼굴 주위에 지사부호를 더하여 '얼굴'이라는 뜻을 나타낸 지사자이다. 지사부호의 필획이 소전단계에서 首의 주위 전체를 에워싸면서 지금의 面자가 되었다. 面의 본래 의미는 '얼굴', '낯'이었는데, 인신되어 '마주하다', '당면(當面)하다'는 뜻이 나왔고, 여기서 '전면(前面)', '정면(正面)', '방향' 등의 의미가 생성되었다.

활용단어

면접(面接) 면모(面貌) 국면(局面)
표면(表面) 단면(斷面) 사면초가(四面楚歌)

❏ 盟(맹세할 맹; 皿 - 총 13획; méng) 衁(피 황; 血 - 총 9획; huāng)
血(피 혈; 血 - 총 6획; xiě)

자원해설

血, 衁, 盟 세 글자는 모두 같은 글자에서 분화되었다. 기본적으로 그릇(皿) 안에 핏방울이 있는 모양을 본뜬 글자 이 '피'라는 뜻과 '삽혈(歃血)을 통하여 혈맹을 맺다'는 뜻 두 가지를 나타냈었다. 즉 이 '혈맹'을 뜻하는 盟과 '피'를 뜻하는 衁으로 분화되었는데, 소리부호인 囧(빛날 경)을 더한 자가 다시 소리부호인 明자로 교체되면서 지금의 盟자가 되었고, '혈맹'이라는 뜻만을 나타냈다. 자가 '피'라는 뜻만을 나타낼 수 있도록, 소리부호 亡을 더하여 지금의 衁자가 되었다. 盟과 衁은 고대중국어에서 발음이 거의 유사하였다. 血자는 자에서 그릇 위에 담긴 핏방울의 부호가 그대로 유지되어 지금의 血자가 되었는데, 盟, 衁과는 발음상 관련이 없다. 아마도 고대에 '피'를 뜻하는 또 다른 유의어였던 단어 {血}이 존재했거나, 당시의 방언이 반영된 것으로 추정해볼 수 있을 것이다.

활용단어

맹세(盟誓)	맹약(盟約)	결맹(結盟)
혈액(血液)	혈통(血統)	수혈(輸血)

❑ 安(편안할 안; 宀 - 총 6획; ān)

甲骨文	金文	戰國文字	小篆	隸書	楷書

자원해설

安은『설문해자』의 "安은 평안하다는 뜻이다. 여자가 집에 있는 것을 따랐다.(安, 静也. 从女在宀下.)"라는 해석 때문에, 전통적으로 여자가 집에 있어서 편안하다거나 엄마가 집에 있어서 편안하다하는 것이 安자의 자원인 것처럼 여겨져 왔다. 그러나 2006년 중국 푸단대학(復旦大學)의 천지엔(陳劍) 교수가「安자에 관하여 논함(說'安'字)」라는 논문을 발표하면서 새로운 자원이 제시되었고, 학계의 정설이 되었다. 安자의 본래 의미는 '앉다'이다. 갑골문에 보면 여자가 앉아 있는 모습에 지사부호를 더하여 으로 서사한다. 이는 앉아 있는 것을 강조하기 위한 부호이며, 서 있는 것과 상대적으로 앉아 있는 것이 안정되고 편안하다는 것을 나타낸 글자이다. 여기에 건축물을 뜻하는 宀(집 면)이 추가되어 으로 쓰는데, 이것은 실내에 있는 것이 외부의 위험으로부터 보호되어 안전하기 때문인 것으로 보인다. 지사부호인 짧은 필획이 전국문자까지 이어지고, 소전 단계부터 사라져 지금의 安자가 되었다. 安자 자원의 핵심인 지사부호를 보지 못한 허신은 당시 전통적 사고방식에 근거하여 여자와 집을 연결하여 잘못된 해석을 하였는데, 그 잘못된 학설이 지금까지 유행되어 온 것이다.

활용단어

안보(安保)	안정(安定)	안일(安逸)
편안(便安)	문안(問安)	보국안민(輔國安民)

❑ 孔(구멍 공; 子 - 총 4획; kǒng)

甲骨文	金文	戰國文字	小篆	隸書	楷書

자원해설

갓난아기를 본뜬 글자인 子의 머리 위에 필획 하나를 더한 글자인데, 이 필획은 아기 정수리의 숨구멍을 나타내는 부호이다.『설문해자』에 "孔은 통달하다는 뜻이다. 乙과 子로 이루어진 회의자이다.(孔, 通也. 从乙, 从子.)"라고 하였는데, 이를 통하여 孔에 순통(順通)하다는 뜻이 있었음을 알 수 있다. 즉 아기 정수리의 숨구멍을 나타내는 으로 '구멍', '통하다' 등의 뜻을 가진 단어 {孔}을 표기한 것이다. 자 상단의 필획이 점차 '乙'처럼 변형되어 지금의 孔자가 되었다.

활용단어

기공(氣孔) 천공(穿孔) 골다공(骨多孔)
비공(鼻孔) 구공탄(九孔炭) 원공방목(圓孔方木)

❑ 九(아홉 구; 乙 - 총 2획; jiǔ) 肘(팔꿈치 주; 肉 - 총 7획; zhǒu)

甲骨文	金文	戰國文字	小篆	隸書	楷書

甲骨文	金文	戰國文字	小篆	隸書	楷書

자원해설

본래 팔꿈치를 본뜬 상형자이다. 9라는 숫자를 나타내는 단어 {九}와 팔꿈치를 나타내는 단어 {肘(팔꿈치 주)}가 고대중국어에서 발음이 거의 유사했기 때문에 가차하여 ' '로 {九}를 표기했다. 갑골문단계에서 '9'와 '팔꿈치'를 구분하기 위해 자에 지사부호를 추가하여 자가 만들어졌다. 후대에 신체부위를 나타내는 의미부호 '肉'자를 추가하여 肘자가 만들어졌다. 肘자의 오른쪽 편방인 寸(마디 촌)은 본래 '맥(脈)을 짚을 수 있는 손목'이란 뜻으로 손목 부위에 점을 찍어 만든 글자인데, 과 의 자형이 유사하였기 때문에 와변(訛變)현상이 일어나 지금의 肘자가 된 것이다.

활용단어

구천(九天) 구중궁궐(九重宮闕) 구우일모(九牛一毛)

❑ 角(뿔 각; 角 - 총 7획; jiǎo)

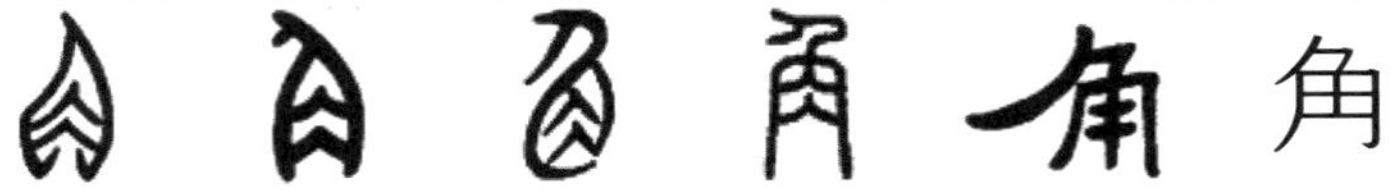

甲骨文	金文	戰國文字	小篆	隸書	楷書

자원해설

동물의 뿔을 상형한 글자이다. 금문 자형에서부터 상단에 장식성 필획(飾筆)이 더해지고, 가운데 뿔의 무늬가 직선으로 변하면서 지금의 角자가 되었다. 角의 의미는 '뿔'에서 인신되어 '모진 데', '구석', '각도' 등의 의미가 파생되었다.

활용단어

각도(角度) 시각(視角) 두각(頭角)
다각적(多角的) 각막(角膜) 사각지대(死角地帶)

❑ 干(방패 간; 干 - 총 3획; gān)

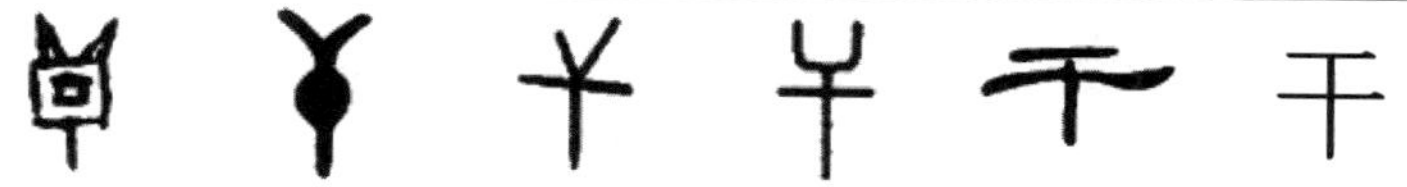

甲骨文	金文	戰國文字	小篆	隸書	楷書

자원해설

방패를 본뜬 글자로 갑골문 의 상단 양쪽에 뾰족하게 나온 것은 무기의 장식으로 보는 견해가 있으나, 고고학 발굴을 통해 발견된 실물이 없기 때문에 무엇을 상징하는지 아직 불분명하다. 방패를 형상화한 사각형의 형체가 원형으로 변하고, 다시 직선필획으로 변하였으며, 상단 양쪽의 뾰족한 형체도 직선으로 변형되면서 지금의 干자가 되었다.

활용단어

간섭(干涉)	간여(干與)	약간(若干)
여간(如干)	간척(干拓)	간조(干潮)

□ 犬(개 견; 犬 - 총 4획; quǎn)

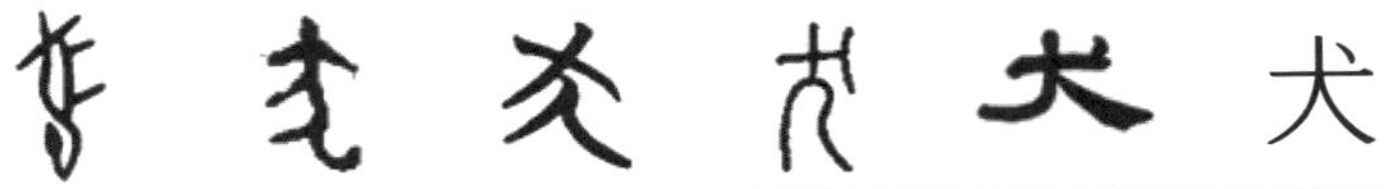

甲骨文	金文	戰國文字	小篆	隸書	楷書

자원해설

개를 본뜬 상형자로 갑골문을 보면 꼬리가 강조되어 있다. 금문부터 몸통의 윤곽이 필획으로 변하였고, 전국문자에서 소전단계로 갈 때, 뒷다리와 꼬리부분의 필획이 아래로 향하면서 마치 大자처럼 변형되었다. 예서에서 필획이 떨어져 나와 지금의 犬자가 되었다.

활용단어

애견(愛犬)　광견병(狂犬病)　충견(忠犬)

맹견(猛犬)　경찰견(警察犬)　견원지간(犬猿之間)

❑ 肩(어깨 견; 肉 - 총 8획; jiān)

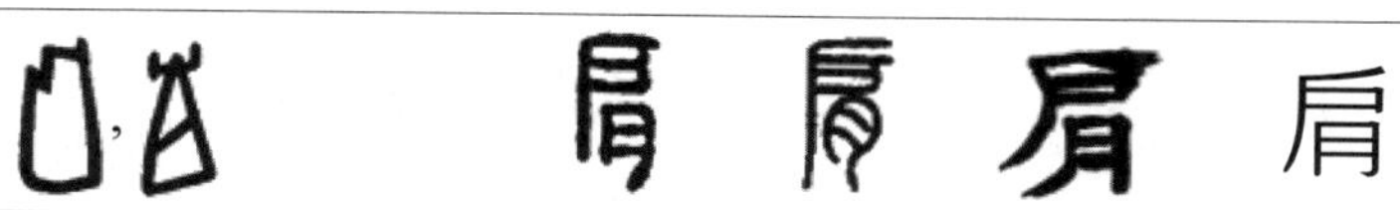

甲骨文 金文 戰國文字 小篆 隸書 楷書

자원해설

본래 소의 어깨뼈인 견갑골(肩胛骨)을 본뜬 상형자이다. 전국시기부터 외짝 문(門戶)을 본뜬 戶(외짝 문 호)자로 와변(訛變)되었고, 신체 부위를 뜻하는 의미부호 肉(고기 육)자가 추가되어 지금의 肩자가 되었다.

활용단어

비견(比肩) 견갑골(肩胛骨) 견장(肩章)
견착식화기(肩着式火器)

❑ 骨(뼈 골; 骨 - 총 10획; gǔ)

甲骨文	金文	戰國文字	小篆	隸書	楷書

자원해설

뼈가 연결된 모습을 본뜬 글자이다. 전국문자 단계부터 肉(고기 육)자를 의미부호로 추가하였고, 글자 상단의 이 변형되면서 지금의 骨자가 되었다.

활용단어

골격(骨格/骨骼)	골간(骨幹)	골절(骨折)
노골적(露骨的)	해골(骸骨)	환골탈태(換骨奪胎)

❑ 工(장인 공; 工 - 총 3획; gōng)

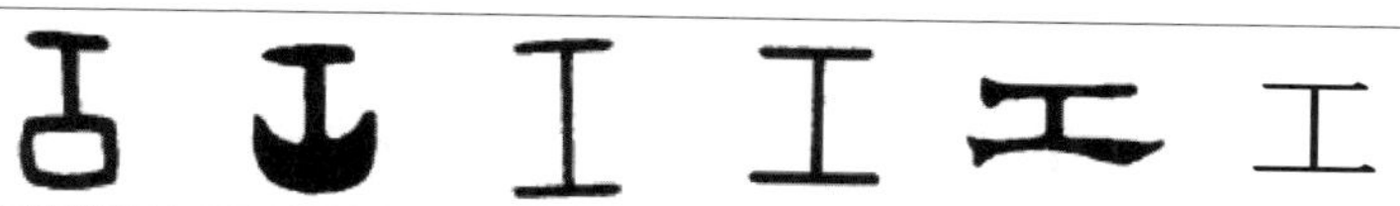

甲骨文	金文	戰國文字	小篆	隸書	楷書

자원해설

자형에 대하여는 '매달 수 있는 장방형의 석경(石磬)', '곱자', '곱자와 날카로운 칼의 기능을 겸하는 공구' 등 다양한 해석이 있으나, 유항(劉恒)이 제기한 주장이 가장 자형과 부합한다. 즉 은 흙을 다지는데 사용하는 공구로 상단의 은 손잡이를, 하단의 은 흙을 다질 수 있는 단단한 돌을 본뜬 것이다. 이는 건축물을 만드는데 가장 기초적인 공정에 사용되는 도구로서, 工은 초기에 건축과 관련된 공인(工人)을 의미했을 것이고, 여기서 의미가 인신되어 다양한 업종에 종사하는 '기술자', '장인(匠人)' 등의 뜻으로 확대되었을 것이다.

활용단어

공장(工場) 공예(工藝) 공단(工團)
착공(着工) 준공식(竣工式) 사농공상(士農工商)

❑ 率(헤아릴 률{율, 거느릴 솔}; 玄 - 총 11획; shuài, lǜ)

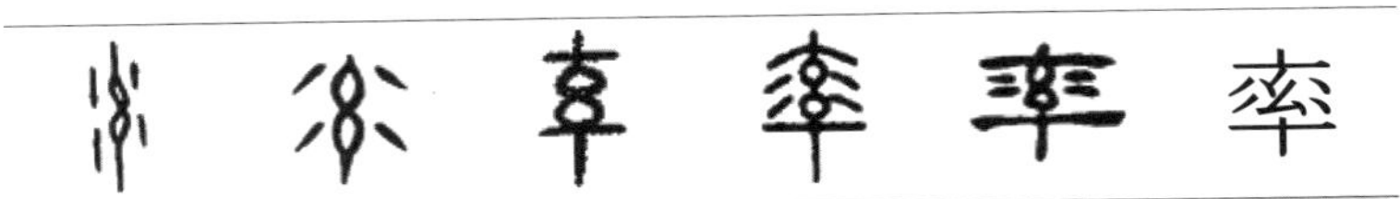

甲骨文	金文	戰國文字	小篆	隸書	楷書

자원해설

마를 꼬아서 만든 큰 동아줄을 본뜬 상형자이다. 좌우의 점들은 아마도 동아줄의 주위로 삐져나온 마를 형상화한 것으로 추정된다. 전국문자 단계에서 위아래에 장식성 필획이 들어가면서 지금의 率자가 되었다. 率의 본래 의미는 '동아줄'인데, 인신되어 '따르다', '거느리다'는 의미로 쓰이자, 이를 구분하기 위해 糸(가는 실 사)를 추가하여 繂(동아줄 률)자를 후기자로 만들었다. 率에는 '대개(大概)', '일반(一般)' 등의 의미가 있는데, '경솔(輕率)하다', '꾸밈없이 솔직(率直)하다' 등의 의미는 아마도 이와 관련이 있는 듯하다. '헤아리다', '비율' 등의 의미로 쓰인 것은 가차된 것이다.

활용단어

솔직(率直)	통솔(統率)	식솔(食率)
경솔(輕率)	진솔(眞率)	솔선수범(率先垂範)
환율(換率)	효율(效率)	확률(確率)

❑ 果(실과 과; 木 - 총 8획; guǒ)

甲骨文	金文	戰國文字	小篆	隸書	楷書

자원해설

나무에 열린 열매를 본뜬 상형자이다. 의 열매 부분 네 개의 점이 생략되고, 곡선이 직선으로 바뀌면서 지금의 果자가 되었다.

활용단어

과감(果敢) 과당(果糖) 과실(果實)
결과(結果) 성과(成果) 인과응보(因果應報)

❑ 郭(성곽 곽; 邑 - 총 11획; guō)

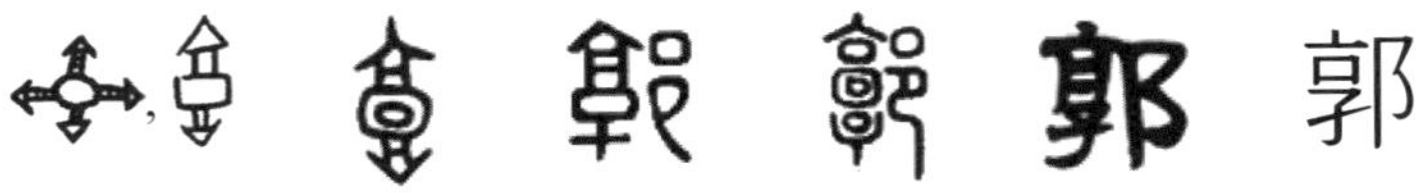

甲骨文	金文	戰國文字	小篆	隸書	楷書

자원해설

은 사방으로 둘러싸인 성곽(城郭)을 본뜬 상형자로 본래 의미는 외성(外城)이다. 갑골문과 금문에서 이미 ,  등으로 간화되었고, 전국문자 단계에서 의미부호 邑(고을 읍)을 더하여 지금의 郭자가 되었다. '외성'이라는 의미가 '크다', '둘레' 등으로 인신되자, 이를 구분하기 위해 다시 의미부호 广(집 엄)을 더하여 廓(둘레 곽)자가 만들어졌다.

활용단어

성곽(城郭)　　일곽(一郭)

❑ 求(구할 구; 水 - 총 7획; qiú)

甲骨文	金文	戰國文字	小篆	隸書	楷書

자원해설

본래 지네를 본뜬 상형자이다. ‘찾다’, ‘구하다’는 뜻을 가진 단어 {求}와 ‘지네’를 뜻하는 단어 {蛷/蠤}가 발음이 동일했으므로 가차하여 ‘’로 {求}를 표기하였다. 나중에 이 둘을 구분하기 위해 의미부호인 虫(벌레 충)을 추가하여 ‘蛷’자가 만들어졌다.

활용단어

구직(求職) 구애(求愛) 구심점(求心點)
촉구(促求) 갈구(渴求) 각주구검(刻舟求劍)

❑ 久(오랠 구; 丿 - 총 3획; jiǔ)

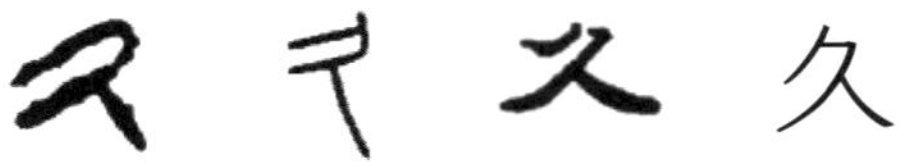

甲骨文	金文	戰國文字	小篆	隸書	楷書

자원해설

본래 무엇을 본뜬 글자인지 아직 확실하지 않다. 고대문헌에서부터 지금까지 '시간이 오래되다', '옛날의' 등의 의미를 나타냈는데, 이는 久자의 본래 의미와 관련이 없는 것으로 가차하여 '오래되다'는 뜻을 나타내는 단어 {久}를 표기해온 것이다.

활용단어

장구(長久)　　영구(永久)　　유구(悠久)
항구(恒久)　　지구력(持久力)　　내구성(耐久性)

❑ 丘(언덕 구; 一 - 총 5획; qiū)

甲骨文	金文	戰國文字	小篆	隸書	楷書

자원해설

높은 언덕을 본뜬 상형자이다. 갑골문 山자는 으로 세 개의 봉우리를 그렸고, 丘는 산보다 낮다는 의미에서 두 개의 봉우리를 그렸다. 소전에서 예서단계로 가면서 좌우의 필획에 변형이 생기면서(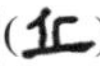) 지금의 丘 자형을 형성하였다.

활용단어

구릉(丘陵)　　**사구**(沙丘)

❑ 龜(나라 이름 구{거북 귀, 터질 균}; 龜 - 총 16획; guī, jūn)

甲骨文	金文	戰國文字	小篆	隸書	楷書

자원해설

거북이를 본뜬 상형자이다. 갑골문에는 정면을 본뜬 것과 측면을 본뜬 것 두 가지가 있는데, 측면을 본뜬 자형이 후대로 전해져 지금의 龜자가 되었다. 한 글자에 여러 가지 독음이 있는 글자를 파음자(破音字)라고 하는데, 龜가 지명으로 쓰일 때는 '구'로 읽고, 균열(龜裂)의 의미로 쓰일 때는 '균'으로 읽는다.

활용단어

귀갑(龜甲)　　균열(龜裂)　　불균수지약(不龜手之藥)

❑ 弓(활 궁; 弓 - 총 3획; gōng)

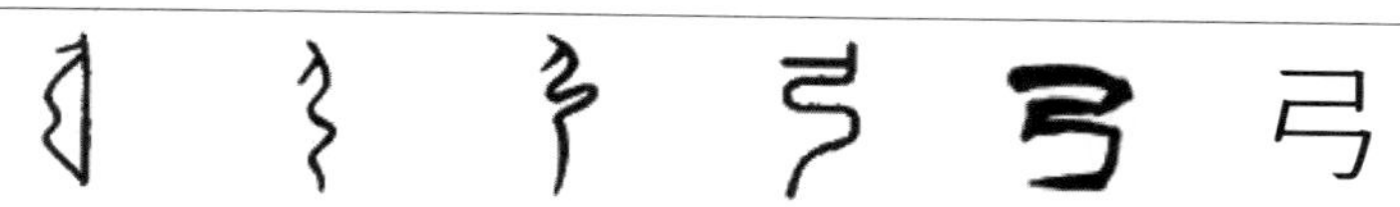

甲骨文	金文	戰國文字	小篆	隸書	楷書

자원해설

활을 본뜬 상형자이다. 활시위 현을 나타내는 필획이 생략되고, 활 손잡이 위아래 필획의 굴곡이 심해지면서 지금의 弓자가 되었다.

활용단어

궁수(弓手)　　궁술(弓術)　　궁전(弓箭)

양궁(洋弓)

□ 宮(집 궁; 宀 - 총 10획; gōng)

甲骨文	金文	戰國文字	小篆	隸書	楷書

자원해설

은 실내에 방 두 칸이 있는 것을 본뜬 상형자이다. 서사의 편의를 위해 과 같이 분리해서 쓰기도 했으며, 갑골문단계에 이미 의미부호 宀(집 면)을 추가하여 으로 썼다. 즉 宮자의 본래 의미는 거주용 주택인 방옥(房屋)이며, 진한(秦漢)시기 이후부터 제왕이 거주하는 왕궁의 의미로 쓰이기 시작했다.

활용단어

궁궐(宮闕) 궁전(宮殿) 궁정(宮庭)
경복궁(景福宮) 경희궁(慶熙宮) 아방궁(阿房宮)

❑ 斤(도끼 근; 斤 - 총 4획; jīn)

甲骨文	金文	戰國文字	小篆	隷書	楷書

자원해설

자루가 달린 도끼를 본뜬 상형자이다. 갑골문 자형에서 왼쪽 상단 뾰족한 날을 표현한 필획이 길어지고, 자루(可)를 나타내는 필획이 변형되면서 지금의 斤자가 되었다.

활용단어

부근(斧斤)　　근량(斤量)　　천근만근(千斤萬斤)

❑ 禽(날짐승 금; 禸 - 총 13획; qín)

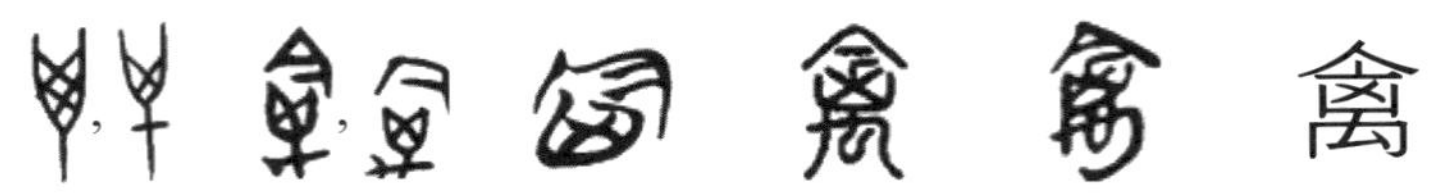

甲骨文　金文　戰國文字　小篆　隸書　楷書

자원해설

본래 짐승을 포획하기 위해 사용했던 그물 달린 사냥도구를 본뜬 상형자이다. 금문 단계부터 소리 부호로 今자를 추가하였고, 갑골문 단계부터 추가된 장식성 필획(Ұ)이 번잡하게 되면서 지금의 禽자가 되었다. 본래 의미는 '짐승을 포획하다'이며, 훗날 '짐승', '날짐승' 등의 의미가 인신되어 나왔다. 禽이 '날짐승'이라는 의미로만 쓰이자, 본래 의미를 위해 手자를 추가하여 擒(사로잡을 금)자가 후기자로 만들어졌다.

활용단어

금수(禽獸)　　가금(家禽)　　맹금류(猛禽類)

❑ 己(자기 기; 己 - 총 3획; jǐ)

甲骨文	金文	戰國文字	小篆	隸書	楷書

자원해설

이 무엇을 본뜬 글자인지 아직 불분명하다. 보통 끈이나 줄을 본뜬 글자로 보는 견해가 대부분인데, 활시위와 오늬를 잡아매는 주살 줄을 본뜬 것이라는 설, 그리고 紀(벼리 기)자를 후기자로 보고 그물의 코를 꿰어 그물을 잡아당길 수 있게 한 동아줄을 본뜬 것이라는 설 등이 있으나, 확실한 증거가 있는 것은 아니다. 가차하여 '자기', '몸' 등의 의미를 나타냈다.

활용단어

자기(自己)　　이기(利己)

지피지기, 백전불태(知彼知己, 百戰不殆)

❑ 其(그 기; 八 - 총 8획; qí)

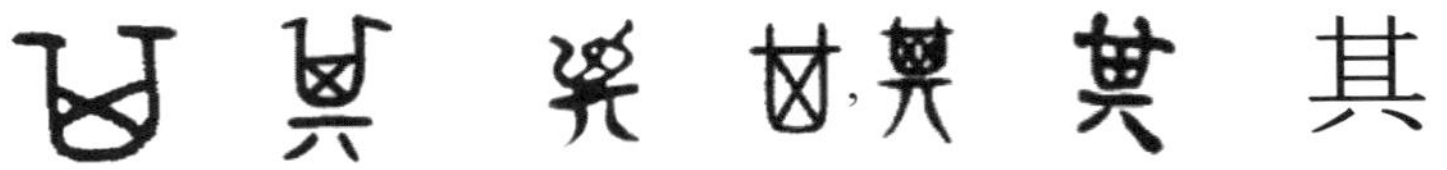

甲骨文	金文	戰國文字	小篆	隸書	楷書

자원해설

는 곡식을 까불러 쭉정이나 티끌을 걸러내는 도구인 키를 본뜬 상형자이다. 금문 단계에서 장식성 필획이 늘어나면서 지금의 其자가 되었다. 가차되어 '그', '그것'을 나타내는 지시대명사 {其}만을 표기하는데 사용되자, 나중에 의미부호인 竹(대 죽)자를 추가하여 후기자 箕(키 기)자가 만들어졌다.

활용단어

기타(其他)　　급기(及其)　　부지기수(不知其數)

❑ 旗(기 기; 方 - 총 14획; qí)

㫃(깃발이 나부끼는 모양 언; 方 - 총 6획; yān)

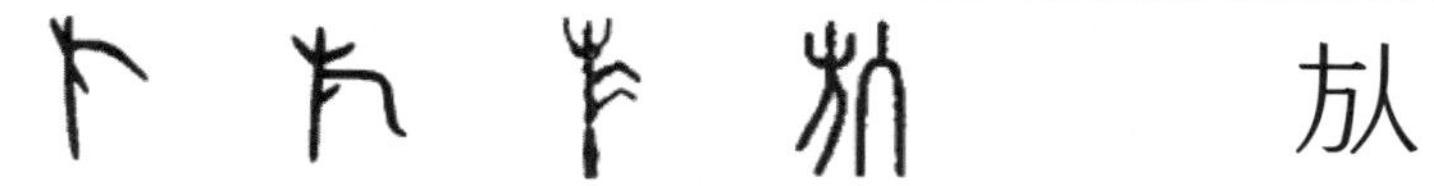

甲骨文	金文	戰國文字	小篆	隸書	楷書

甲骨文	金文	戰國文字	小篆	隸書	楷書

자원해설

본래 깃발이 나부끼는 모양을 본뜬 글자는 㫃이다. 여기에 소리부호 '其'를 더하여 일반적인 깃발을 뜻하는 형성자 旗가 만들어졌다.

활용단어

기치(旗幟) 기수(旗手) 태극기(太極旗)
반기(反旗) 의장기(儀仗旗) 언기식고(偃旗息鼓)

❑ 南(남녘 남; 十 - 총 9획; nán)

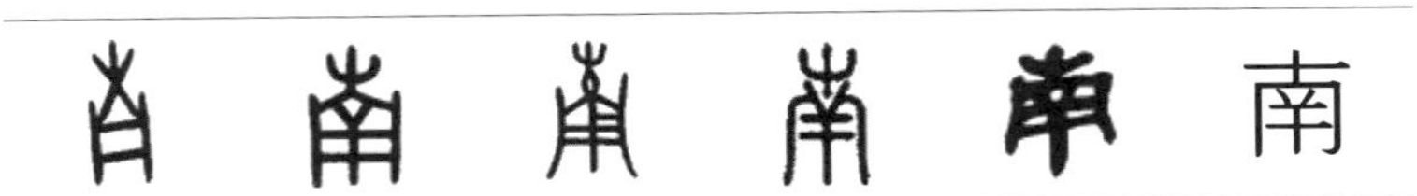

甲骨文	金文	戰國文字	小篆	隸書	楷書

자원해설

일종의 악기를 본뜬 상형자이다. 가차하여 방위사인 동서남북의 '남'을 나타내게 되었다.

활용단어

남극(南極) 남측(南側) 남해(南海)

강남(江南) 월남(越南) 남귤북지(南橘北枳)

❑ 女(여자 녀{여}; 女 - 총 3획; nǚ) 母(어미 모; 毋 - 총 5획; mǔ)

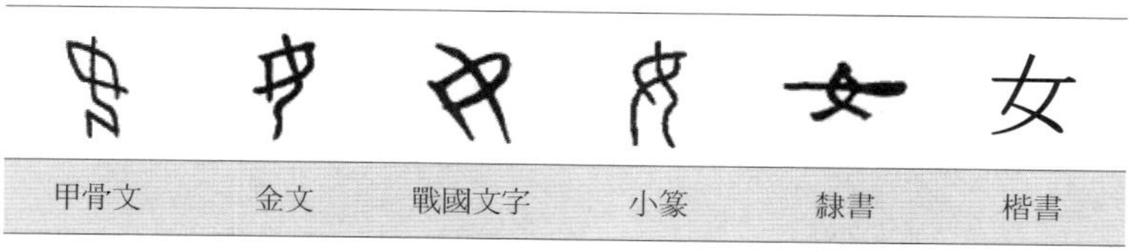

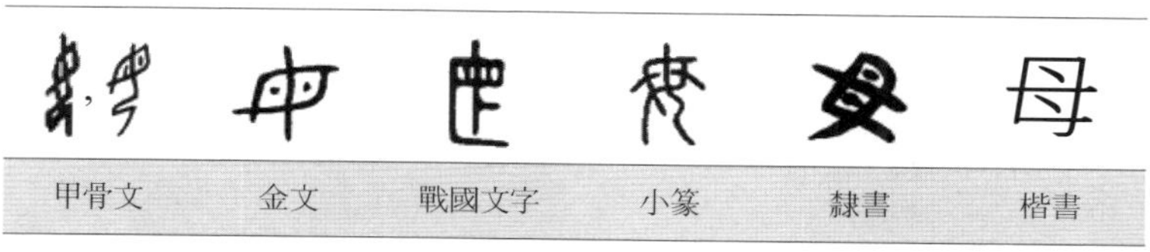

자원해설

女는 여자가 두 손을 모으고 앉아있는 모양을 본뜬 상형자이다. 母는 女에서 분화된 글자이다. 여자가 두 손을 다소곳이 모으고 앉아 있는 모양을 본뜬 글자로 여자를 뜻하는 단어 {女}와 어머니를 뜻하는 단어 {母}를 나타냈었다. 가 {女}와 {母} 두 가지 단어를 표기할 수 있었는데, 둘을 구분하기 위해 {母}를 표기할 때는 구별을 위한 부호로서 두 개의 점을 찍어 자가 만들어졌다. 금문 단계부터는 점이 찍힌 글자만 '어머니'를 뜻하였고, 무릎을 꿇은 다리가 직선으로 펴지고 몸체가 앞으로 기울면서 의 자형이 되어 지금의 母자가 되었다.

활용단어

여식(女息) 숙녀(淑女) 처녀(處女) 직녀(織女)
모유(母乳) 모태(母胎) 모성애(母性愛) 모음(母音)
산모(産母) 맹모삼천(孟母三遷)

❑ 眉(눈썹 미; 目 - 총 9획; méi)

甲骨文	金文	戰國文字	小篆	隸書	楷書

자원해설

눈 위에 있는 눈썹을 본뜬 상형자이다.

활용단어

미간(眉間) 백미(白眉) 초미지급(焦眉之急)

❑ 未(아닐 미; 木 - 총 5획; wèi)

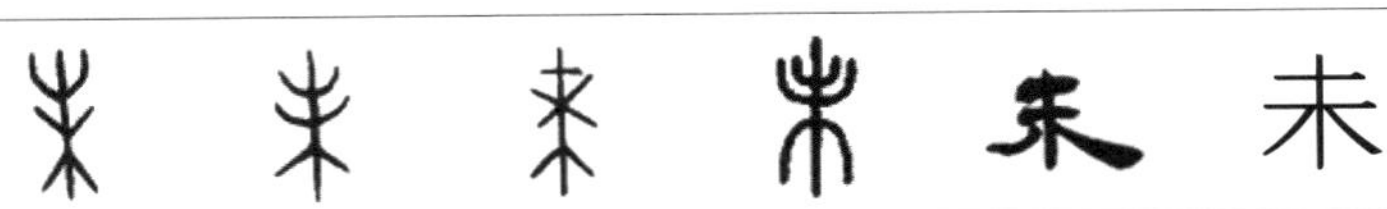

甲骨文	金文	戰國文字	小篆	隸書	楷書

자원해설

나뭇가지가 무성한 모습을 본뜬 상형자이다. 본래 의미가 무엇인지는 아직 불분명하다. 가차되어 부정사(否定詞)로 쓰이거나, 여덟째 지지(地支)로 쓰인다.

활용단어

미숙(未熟)	미만(未滿)	미달(未達)
미상(未詳)	미진(未盡)	미증유(未曾有)

❑ 米(쌀 미; 米 - 총 6획; mǐ)

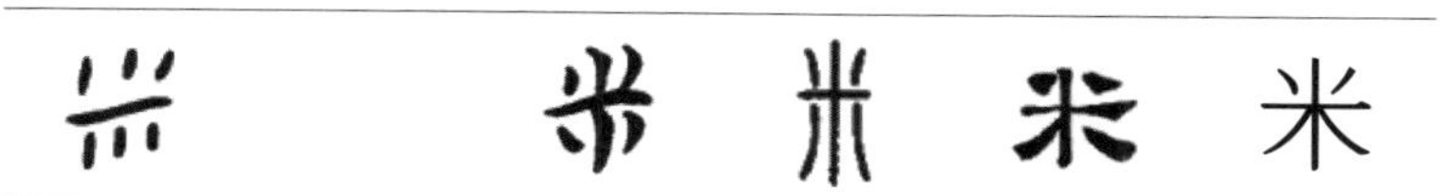

甲骨文	金文	戰國文字	小篆	隸書	楷書

자원해설

곡식 낟알이 벼에 붙어 있는 모양을 본뜬 상형자이다. 전체 벼의 모양에서 낟알이 붙어있는 일부분을 취하여 글자로 만든 것이다.

활용단어

미곡(米穀)	백미(白米)	정미소(精米所)

❑ 乃(이에 내; 丿- 총 2획; nǎi)

甲骨文 金文 戰國文字 小篆 隸書 楷書

자원해설

乃의 갑골문은 무엇을 본뜬 것인지 아직 정확히 알 수가 없다. 곽말약(郭沫若)이 제시한 '여성의 유방'을 본뜬 상형자라는 설이 있는데, 이는 奶(젖 내)라는 후기자와 갑골문의 모양에 근거한 것이다. 그러나 己자와 마찬가지로 乃자는 단순한 하나의 필획으로만 이루어져 있고, 乳(젖 유)자의 갑골문 가 존재하는 것으로 볼 때, 곽말약의 설이 옳다고 확정하기에는 무리가 있다. 현재로서는 乃의 본래 의미가 무엇인지 모르지만, '이에', '곧', '그래서' 등의 의미를 나타낸 것은 가차된 것이라고 할 수 있다.

활용단어

내지(乃至) 인내천(人乃天)

❏ 能(능할 능; 肉 - 총 10획; néng)

甲骨文	金文	戰國文字	小篆	隸書	楷書

자원해설

본래 곰을 본뜬 상형자이다. 금문에서 전국문자 단계로 넘어가면서 앞뒤 다리가 떨어져 나와 우측에 위치하고, 입이 月(肉)으로 변형되어 지금의 能자가 되었다. 본래 의미는 '곰'인데, 가차하여 '능하다', '재능' 등의 의미로 쓰이자, '빛나는 모양'을 뜻하는 熊자를 가지고 '곰'을 나타냈다.

활용단어

능력(能力) 능률(能率) 능숙(能熟)
기능(機能) 효능(效能) 무소불능(無所不能)

❑ 單(홑 단; 口 - 총 12획; dān)

甲骨文	金文	戰國文字	小篆	隸書	楷書

자원해설

끝이 갈라진 긴 막대의 양 끝에 단단한 돌을 달아 놓은 모양으로 사냥이나 전쟁에 사용했던 도구를 본뜬 상형자이다. 의 가운데 부분은 아마도 적의 공격을 방어하기 위해 달아놓은 장치일 것이다. 이 단순 필획으로 간화되면 이 되고, 에 장식성 필획을 더하면 이 된다. 單은 본래 적을 공격하는 도구를 본뜬 글자인데, 가차되어 '홑', '하나'로 쓰이자 본래 의미를 강조하기 위해 의미부호 戈(창 과)를 더하여 戰(싸울 전)자가 후기자로 만들어졌다. 그리고 單이 사냥도구를 뜻하기도 했으므로 犬(개 견)자를 더하여 獸(짐승 수)자가 만들어졌다. 獸의 본래 의미는 '사냥하다(狩)'인데, 나중에 '짐승'이라는 뜻으로만 쓰이게 된다. 이는 禽이 본래 짐승을 잡는 사냥도구를 뜻했으나, '날짐승'이라는 의미로만 쓰이는 것과 같다. 獸자의 왼쪽 아래 口는 단순한 구별부호이다.

활용단어

단순(單純) 단독(單獨) 단일(單一)
단발(單發) 단어(單語) 단도직입(單刀直入)

❑ 彔(나무 깎을 록{녹}; 彐 - 총 8획; lù) 祿(복 록{녹}; 示 - 총 13획; lù)

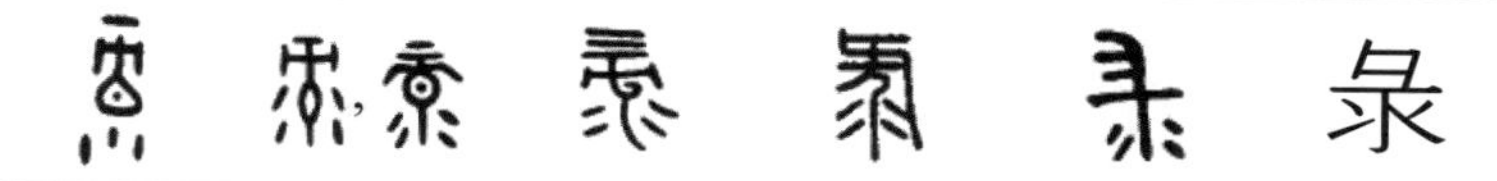

甲骨文	金文	戰國文字	小篆	隸書	楷書

甲骨文	金文	戰國文字	小篆	隸書	楷書

자원해설

彔은 轆(도르래 록)의 본자(本字)로서, 도르래로 우물의 물을 끌어 올리는 모습을 본뜬 상형자이다. 彔의 본래 의미는 轆에 남아 있고, 가차되어 '기록하다', '복' 등의 의미로 쓰이자 金자를 추가하여 錄(기록할 록)자를, 示자를 추가하여 祿(복 록)자를 만들었다.

활용단어

녹봉(祿俸) 국록(國祿) 복록(福祿)
작록(爵祿) 녹지(祿地) 간록자서(干祿字書)

❑ 大(큰 대; 大 - 총 3획; dà)

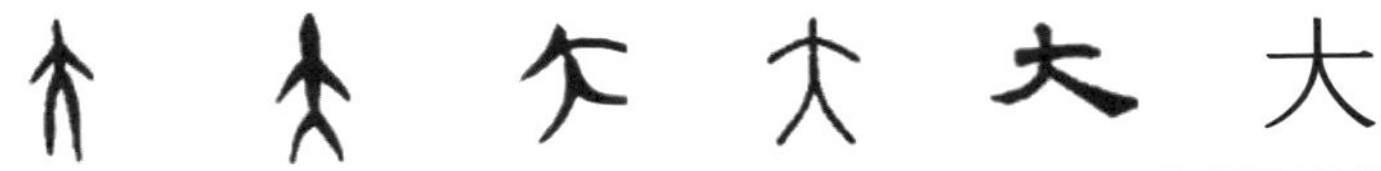

甲骨文	金文	戰國文字	小篆	隸書	楷書

자원해설

정면을 바라보고 서 있는 성인 남성을 본뜬 상형자이다. 본래 의미는 '성인(成人)'이고, 의미가 인신되어 형용사 '크다'라는 뜻을 나타냈다.

활용단어

대형(大型) 대폭(大幅) 대륙(大陸)
대거(大擧) 대세(大勢) 확대(擴大)

❑ 刀(칼 도; 刀 - 총 2획; dāo)

甲骨文	金文	戰國文字	小篆	隸書	楷書

자원해설

칼을 본뜬 상형자이다. 칼날 부분이 생략되면서 자가 형성되었고, 필획이 굽어지면서 지금의 刀자가 되었다.

활용단어

장도(長刀) 단도(短刀) 과도(果刀)
면도(面刀) 쾌도난마(快刀亂麻)

❑ 冬(겨울 동; 冫- 총 5획; dōng)

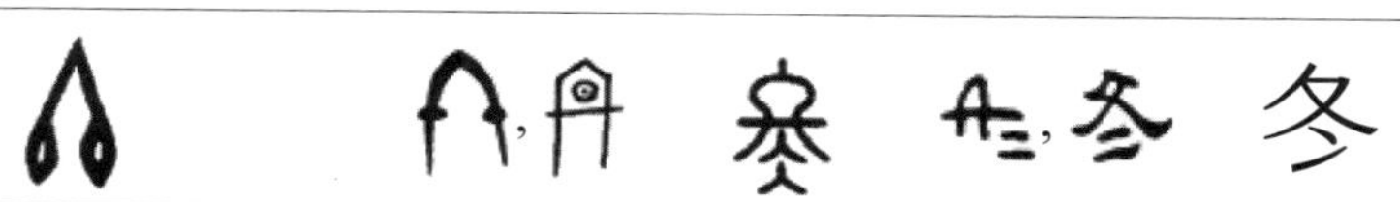

甲骨文	金文	戰國文字	小篆	隸書	楷書

자원해설

끈의 양쪽 끝매듭을 본뜬 상형자이다. 본래 의미는 '끝'인데, 계절의 끝인 '겨울'이라는 의미로 인신되어 쓰이자, 본래 의미를 위하여 糸(실 사)를 더하여 終(끝날 종)자가 만들어졌다. 전국문자 단계에서 추가된 日자()는 계절이라는 시간을 나타내는 의미부호이다. 나중에 장식성 필획이 더해져 지금의 冬자가 되었다.

활용단어

동면(冬眠) 동계(冬季) 동지(冬至)
엄동(嚴冬) 하동(夏冬) 월동준비(越冬準備)

❑ 東(동녘 동; 木 - 총 8획; dōng)

甲骨文	金文	戰國文字	小篆	隸書	楷書

자원해설

東은 본래 자루나 주머니를 본뜬 상형자이다. 가차되어 방향사인 ‘동쪽’이라는 의미로만 쓰이고 있다. 허신(許愼)은 『설문해자(說文解字)』에서 “해가 나무 위에 걸려 있는 것을 본뜬 것이다(從日在木中).”라고 설명하였으나, 이는 물건이 들어가는 가운데 부분이 마치 日자처럼 변하였고, 양쪽 끝의 매듭이 마치 木자처럼 변형된 것에 근거한 것이다. 東의 본래 의미인 ‘자루’, ‘주머니’라는 뜻은 나중에 橐(전대 탁)자를 통하여 나타냈는데, 東, 束, 橐 등은 고대중국어에서 발음이 매우 유사하였다.

활용단어

동부(東部) 동학(東學) 동해(東海)
동분서주(東奔西走) 동문서답(東問西答)
홍동백서(紅東白西)

❑ 豆(콩 두; 豆 - 총 7획; dòu)

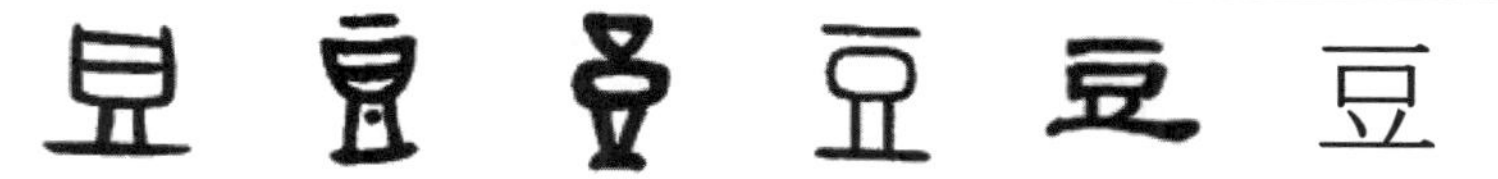

甲骨文	金文	戰國文字	小篆	隸書	楷書

자원해설

豆는 본래 술이나 음식을 담는 제사용 그릇을 본뜬 상형자이다. 가차되어 주로 '콩'이라는 의미로 쓰이는데, 고문헌에서 豆는 '제기(祭器)'라는 의미로 자주 출현한다.

활용단어

두부(豆腐)	두아(豆芽)	두유(豆乳)
홍두(紅豆)	녹두(綠豆)	목두(木豆)

❑ 屯(진 칠 둔; 屮 - 총 4획; tún)

甲骨文	金文	戰國文字	小篆	隸書	楷書

자원해설

屯은 식물의 종자가 땅에서 발아한 모양을 본뜬 상형자이다. 갑골문의 (春)자는 林(의미부호), 日(의미부호), 屯(소리부호이자 의미부호) 세 글자로 이루어져, 초목의 싹이 트는 따뜻한 계절을 표현하였다. 즉 屯의 본래 의미는 '초목이 처음 나다'인데, '땅을 뚫고 나오는 싹'이라는 의미가 인신되어 '막히다', '어렵다', '수비하다', '진을 치다' 등의 의미가 생성되었다.

활용단어

둔위(屯衛)　　　주둔(駐屯)

❑ 卵(알 란{난}; 卩 - 총 7획; luǎn)

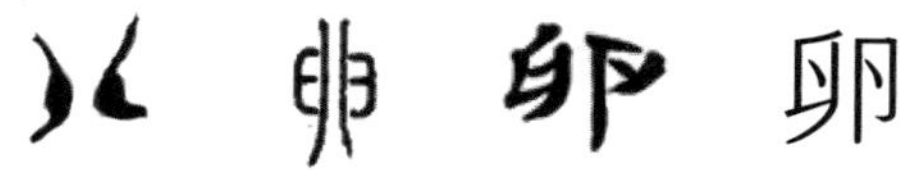

甲骨文	金文	戰國文字	小篆	隸書	楷書

자원해설

卵자는 전국문자시기부터 출현하는데, 청나라 학자인 왕균(王筠)은 그의 저서『설문석례(說文釋例)』에서 이 물고기 알을 본뜬 것이라고 하였다. 卵의 본래 의미는 얇은 막으로 둘러싸인 일부 곤충이나 어류의 알이며, 의미가 인신되어 조류(鳥類) 알 또는 암컷의 생식세포인 난자(卵子)를 나타냈다.

활용단어

난자(卵子)	난소(卵巢)	어란(魚卵)
산란(產卵)	명란(明卵)	난생설화(卵生說話)

❑ 來(올 래{내}; 人 - 총 8획; lái) 麥(보리 맥; 麥 - 총 11획; mài)

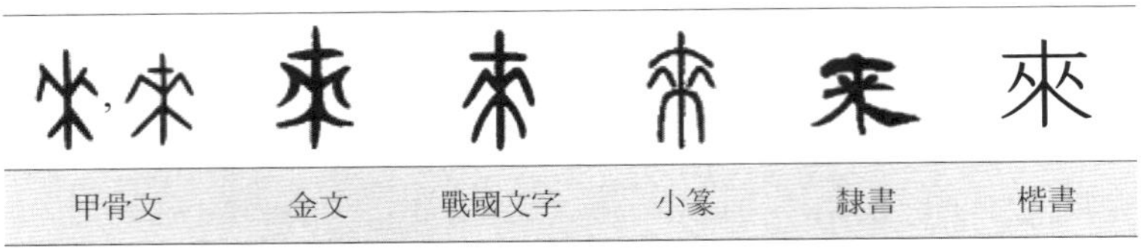

자원해설

보리를 본뜬 상형자이다. 갑골문에서 상단에 장식성 필획이 추가되어 朿가 되었고, 양쪽 보리 잎이 마치 人자 모양처럼 변형되어 지금의 來가 되었다. 來의 본래 의미는 '보리'인데, 가차되어 '오다'는 뜻으로 쓰이자, 이를 구별하기 위하여 보리밟기라는 뜻에서 발을 아래로 향한 글자인 夊을 더하여 麥(보리 맥)자가 만들어졌다.

활용단어

내세(來世) 내방(來訪) 초래(招來)
장래(將來) 전래(傳來) 권토중래(捲土重來)
맥주(麥酒) 숙맥불변(菽麥不辨)

□ 良(좋을 량{양}; 艮 - 총 7획; liáng)

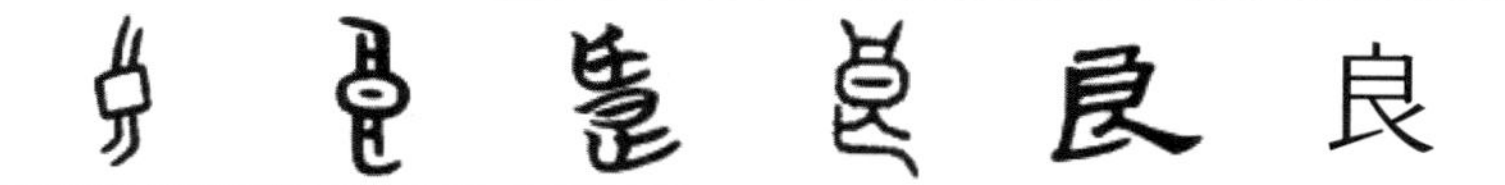

甲骨文	金文	戰國文字	小篆	隸書	楷書

자원해설

良의 갑골문인 의 조자본의(造字本義)에 관하여는 두 가지 설이 있다. 하나는 복도를 상형한 것으로, '복도'가 본래 의미인데 가차되어 '선하다', '좋다' 등의 의미로 쓰이자 후기자인 廊(복도 랑)자가 나왔다는 서중서(徐中舒)의 설. 다른 하나는 물고기를 잡기 위해 물길을 막아놓은 어량(魚梁)을 상형한 것으로, '댐', '어량'이 본래 의미인데 가차되어 '선하다', '좋다' 등의 의미로 쓰이자 형성자인 粱자를 만들었다는 유환(劉桓)의 설. 위 두 가지 설 모두 각자 나름의 일리가 있기 때문에, 둘 중에 어떤 것이 옳다고 확정하기는 어렵다. 금문 단계부터 의 하단부분이 亡자로 변형되면서 소리부호 역할을 하였다.

활용단어

양식(良識)	양서(良書)	양질(良質)
개량(改良)	우량(優良)	양약고어구(良藥苦於口)

❑ 力(힘 력{역}; 力 - 총 2획; lì)

甲骨文　金文　戰國文字　小篆　隸書　楷書

자원해설

力은 본래 쟁기를 본뜬 글자로 耒(쟁기 뢰)자에서 분화된 글자이다. 耒의 고문자는 , 으로, 손으로 쟁기를 잡고 있는 형태가 변형되어 지금의 耒가 되었다. 쟁기를 사용할 때 힘을 많이 쓰게 되므로, 力이 '힘'이라는 의미를 나타내게 되었다.

활용단어

역량(力量)　세력(勢力)　압력(壓力)
잠재력(潛在力)　폭력(暴力)　진충갈력(盡忠竭力)

❑ 雨(비 우; 雨 - 총 8획; yǔ)

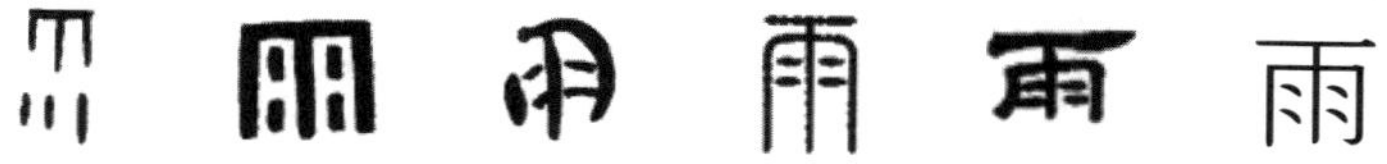

甲骨文	金文	戰國文字	小篆	隸書	楷書

자원해설

雨는 하늘에서 떨어지는 물방울을 형상화한 글자로, 장식성 필획이 상단에 추가되면서 지금의 雨자가 되었다.

활용단어

우량(雨量)	우산(雨傘)	우기(雨期)
우비(雨備)	곡우(穀雨)	기우제(祈雨祭)

□ 鹿(사슴 록{녹}; 鹿 - 총 11획; lù)

甲骨文	金文	戰國文字	小篆	隸書	楷書

자원해설

사슴을 본뜬 상형자이다. 두개의 뿔이 소전단계에서 하나로 간화되었고, 사슴다리가 比자 형태로 변형되면서 지금의 鹿자가 되었다.

활용단어

녹용(鹿茸)　　백록담(白鹿潭)　　지록위마(指鹿爲馬)

□ 龍(용 룡{용}; 龍 - 총 16획; lóng)

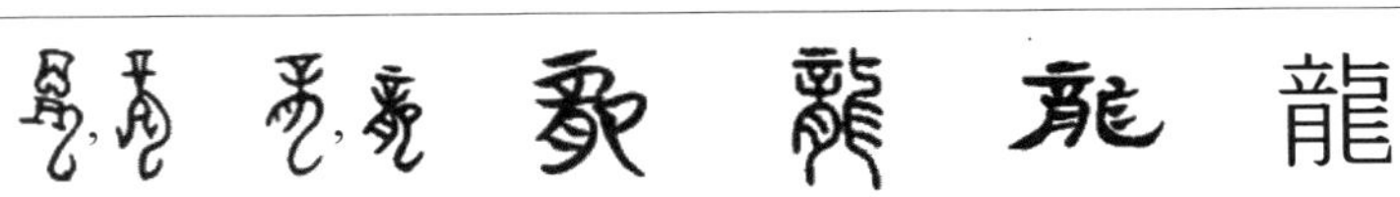

甲骨文	金文	戰國文字	小篆	隸書	楷書

자원해설

상상속의 신수(神獸)인 용을 본뜬 상형자이다. 머리에 뿔이 있고, 입에 날카로운 이빨이 있으며, 용의 기본 모체가 뱀이므로 뱀의 몸을 형상화하였다. 뿔이 辛 자형으로 변형되고, 입은 肉으로, 몸통은 으로 변형되어 지금의 龍자가 되었다.

활용단어

용수(龍壽)	용안(龍顔)	공룡(恐龍)
비룡(飛龍)	흑룡(黑龍)	화룡점정(畵龍點睛)

❑ 六(여섯 륙{육}; 八 - 총 4획; liu)

甲骨文	金文	戰國文字	小篆	隸書	楷書

자원해설

집을 상형한 宀(집 면)과 유사하여 어떤 건축물을 본뜬 것이라는 주장이 있으나, 확실한 근거가 없다. 아직 무엇을 본뜬 글자인지 불분명하다. 숫자 6을 뜻하는 단어 {六}을 나타내는데, 이는 가차된 것이다.

활용단어

육서(六書)	육경(六經)	육하원칙(六何原則)
사육신(死六臣)	생육신(生六臣)	오장육부(五臟六腑)

❑ 栗(밤나무 률{율}; 木 - 총 10획; lì)

甲骨文	金文	戰國文字	小篆	隸書	楷書

자원해설

가시 달린 밤 껍질을 본뜬 상형자이다. 나중에 가차되어 '두렵다', '두려워 떨다'는 뜻으로 쓰이자, 의미부호 心을 추가하여 慄(두려워할 율)자를 만들었다.

활용단어

율곡(栗谷) 조율(棗栗)

❑ 某(아무 모; 木 - 총 9획; mǒu)

甲骨文	金文	戰國文字	小篆	隸書	楷書

자원해설

의미부호 甘(달 감)과 의미부호 木(나무 목)로 구성되었고, 甘이 나무 위에 달려있는 형태를 취했으니 회의식 상형자로 볼 수 있다.『설문해자(說文解字)』에 “某는 신맛의 열매이다(某, 酸果也).”라고 하였고, 이에 대해 주석을 단 청나라 학자인 단옥재(段玉裁)는 “이 글자는 지금의 매실을 뜻하는 것으로 梅자의 본래 正字이다(此是今梅子正字).”라고 하였다. 이를 통하여 某자의 본래 의미가 ‘매실’임을 알 수 있는데, 후기자로 木을 추가하여 만들어진 楳(매화나무 매)를 통해서도 某자의 본래 의미가 ‘매실’임을 확신할 수 있다. 某자가 ‘아무’, ‘어느’ 등 대명사의 의미를 나타내는 것은 가차된 것이다.

활용단어

모종(某種)　　모처(某處)　　모월모일(某月某日)

❏ 馬(말 마; 馬 - 총 10획; mǎ)

甲骨文	金文	戰國文字	小篆	隸書	楷書

자원해설

긴 얼굴과 말갈귀의 특징을 살려 말의 모습을 본뜬 상형자이다. 얼굴이 금문 단계부터 目의 형태로 변하고, 말갈귀는 그대로 남아있는데, 전국문자 단계에서 말갈귀의 필획과 目의 필획이 겹쳐지면서 지금의 馬자가 되었다.

활용단어

기마(騎馬)	승마(乘馬)	준마(駿馬)
애마(愛馬)	철마(鐵馬)	천고마비(天高馬肥)

❏ 萬(일만 만; 艸 - 총 13획; wàn)

甲骨文 金文 戰國文字 小篆 隸書 楷書

자원해설

萬은 본래 전갈을 본뜬 상형자이다. 일만이라는 숫자를 나타내는 단어 {萬}이 전갈을 본뜬 글자 萬의 발음과 유사하여 가차한 것이다. 萬자가 가차되어 '일만'이라는 뜻으로 쓰이자, 본래 의미를 구분하여 나타내기 위해 후기자 蠆(전갈 채)자를 만들었다. 萬과 蠆는 고대중국어에서 발음이 매우 유사하였다.

활용단어

만약(萬若) 만물(萬物) 만수(萬壽)
만감(萬感) 만능(萬能) 기고만장(氣高萬丈)

❑ 罔(그물 망; 网 - 총 8획; wǎng) 網(그물 망; 糸 - 총 14획; wǎng)

甲骨文 金文 戰國文字 小篆 隸書 楷書

자원해설

사냥이나 물고기를 잡는데 쓰는 그물을 본뜬 상형자이다. 전국문자 단계에서 소리부호로 亡자가 추가되어 지금의 罔자가 되었다. 나중에 罔자가 亡자처럼 '없다'는 뜻으로 쓰이자, 다시 의미부호 糸를 추가하여 網(그물 망)자를 만들었다.

활용단어

망측(罔測) 망라(網羅) 어망(漁網)
법망(法網) 철망(鐵網) 투망(投網)
일망타진(一網打盡)

❑ 毛(털 모; 毛 - 총 4획; máo)

甲骨文 金文 戰國文字 小篆 隸書 楷書

자원해설

사람이나 짐승의 털을 본뜬 상형자이다. 소전단계의 상단부분 꺾인 획이 지금 毛자의 상단 필획이 되었고, 가운데 두 곡선 필획이 직선으로 바뀌면서 毛자가 되었다.

활용단어

모발(毛髮) 모피(毛皮) 모직(毛織)
모근(毛根) 불모지(不毛地) 구우일모(九牛一毛)

❑ 木(나무 목; 木 - 총 4획; mù)

甲骨文	金文	戰國文字	小篆	隸書	楷書

자원해설

위로 가지가 뻗어 있고, 아래로 뿌리가 뻗은 나무를 본뜬 상형자이다. 위로 뻗은 가지가 나중에 직선으로 변형되면서 지금의 木자가 되었다.

활용단어

목재(木材) 목판(木版) 목침(木枕)
목탁(木鐸) 식목(植木) 연목구어(緣木求魚)

❑ 目(눈 목; 目 - 총 5획; mù)

甲骨文	金文	戰國文字	小篆	隸書	楷書

자원해설

사람의 눈을 본뜬 상형자이다. 전국문자 단계부터 글자가 세워지면서 지금의 目자가 되었다. 目의 본래 의미는 '눈'이며, 의미가 인신되어 '보다', '시야', '견해', '요점', '조목' 등의 의미가 나왔다.

활용단어

목표(目標)　　목격(目擊)　　목록(目錄)
조목(條目)　　주목(注目)　　서시빈목(西施矉目)

❏ 卯(넷째 지지 묘; 卩 - 총 5획; mǎo)

甲骨文	金文	戰國文字	小篆	隸書	楷書

자원해설

卯자가 넷째 지지(地支)의 의미로 쓰인 것은 가차된 것이다. 卯의 본래 의미는 후기자인 劉(죽일 류)를 통해서 알 수 있고, 또 갑골문에서의 용법으로 알 수 있다. 卯자는 갑골문에서 희생물을 죽이는 방식의 일종으로 쓰이는데, 은 아마도 사물을 벨 수 있는 날카로운 칼 두 개를 대칭으로 놓은 모양을 본뜬 상형자일 것으로 추정된다. 오른쪽 그림은 청나라 학자인 오기창(吳其昌)이 상상하여 제시한 卯의 원형이다.

활용단어

묘금도(卯金刀) 정묘(丁卯) 을묘(乙卯)
계묘(癸卯) 기묘(己卯)

❑ 戊(다섯째 천간 무; 戈 - 총 5획; wù)

甲骨文	金文	戰國文字	小篆	隸書	楷書

자원해설

도끼 종류의 무기를 본뜬 상형자이다. 가차하여 천간(天干)의 다섯째인 {戊}를 나타냈다.

활용단어

무술(戊戌) 무오(戊午) 무자(戊子)

무신(戊申) 무인(戊寅) 무오사화(戊午士禍)

□ 門(문 문; 門 - 총 8획; mén)

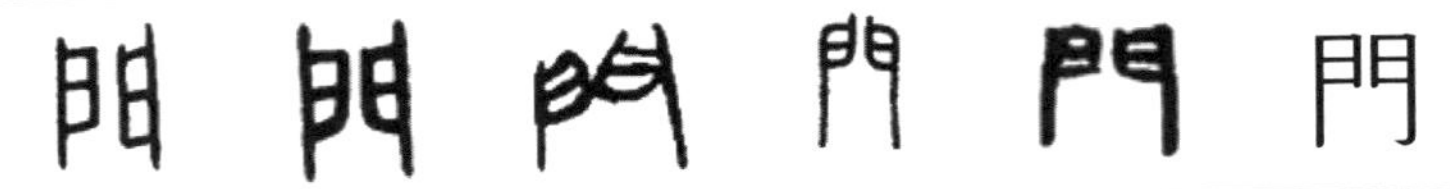

甲骨文	金文	戰國文字	小篆	隸書	楷書

자원해설

여닫이 문 두 개를 본뜬 상형자이다.

활용단어

문도(門徒) 문벌(門閥) 창문(窓門)

전문(專門) 관문(關門) 문전성시(門前成市)

❑ 經(날 경; 糸 - 총 13획; jīng)

甲骨文	金文	戰國文字	小篆	隸書	楷書

자원해설

면직기의 세로선을 본뜬 글자로 초기 자형은 금문에서부터 출현한다. 본래 의미를 강조하기 위하여 糸(가는 실 사)를 추가하여 經자가 만들어졌다. 가로선은 緯(씨 위)라고 한다. 면직기의 세로선에서 남북을 지나는 세로선, 지나다, 법도, 다스리다 등의 의미로 인신되어 경도(經度), 경과(經過), 경전(經典), 경영(經營) 등의 단어가 나왔다.

활용단어

경위(經緯)	경세제민(經世濟民)	경력(經歷)
경험(經驗)	신경(神經)	우이독경(牛耳讀經)

❑ 谷(골 곡; 谷 - 총 7획; gǔ)

甲骨文	金文	戰國文字	小篆	隸書	楷書

자원해설

谷의 본래 의미는 '산골짜기에 흐르는 물줄기'이다. 따라서 갑골문 자 상단의 은 두 갈래로 흐르는 물줄기를 표현한 것이며, 하단의 口는 산의 입구를 나타낸다.

활용단어

계곡(溪谷/谿谷)　곡신불사(谷神不死)

❑ 可(옳을 가; 口 - 총 5획; kě)

甲骨文	金文	戰國文字	小篆	隸書	楷書

자원해설

본래는 도끼 자루를 상형한 글자이다. 소리를 가차(假借)하여 '허가', '가능', '옳다' 등의 뜻을 가진 단어 {可}를 나타내게 되었으며, 본래 의미인 도끼 자루를 위해 木(나무 목)을 더하여 전용글자 柯(자루 가)가 만들어졌다. 이 도끼 자루라는 사실은 도끼를 뜻하는 斤(도끼 근)자를 통해 유추할 수 있다. 斤자의 갑골문이 이며, 자루 부분인 에 口(입 구)를 더한 것이 可이다. 口가 추가된 이유는 단순히 다른 글자와 혼동을 막기 위한 것으로, 일종의 구별부호라고 할 수 있다. 이처럼 단순 구별부호로서 '口'가 추가되는 현상은 중국 고문자에 자주 보인다.

활용단어

가능(可能) 불가피(不可避) 허가(許可)
가결(可決) 인가(認可) 가급적(可及的)

❑ 强(굳셀 강; 弓 - 총 12획; qiáng) 弘(넓을 홍; 弓 - 총 5획; hóng)

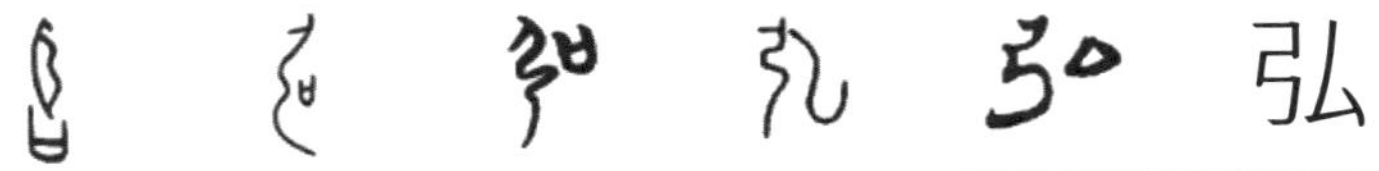

甲骨文 金文 戰國文字 小篆 隸書 楷書

甲骨文 金文 戰國文字 小篆 隸書 楷書

자원해설

强자는 弘자에서 나온 분화자(分化字)이다. 그러면 弘은 어떻게 만들어졌는가? 갑골문을 보면 弓(활 궁) 아래에 구별부호인 口자가 들어갔는데, 활이라는 무기가 강력한 것이므로 강대(强大)하다는 의미를 나타내게 되었다. 그리고 口의 형체가 나중에 厶로 변형되어 弘의 모양이 되었다. 나중에 弘은 '크다', '넓다'는 의미만을 나타내었고, '강하다'는 의미는 强자를 써서 나타냈다. 强은 弘과 虫으로 구성된 글자로 본래는 '쌀 바구니 벌레'를 뜻하는 글자였는데, 弘자가 가지고 있었던 '강하다'는 의미를 强자가 가져갔고, 强의 의미는 더이상 '쌀 바구니 벌레'가 아닌 '강하다'는 의미만을 나타내게 된 것이다.

활용단어

강조(强調) 강탈(强奪) 강제(强制)
강인(强靭) 보강(補强) 자강불식(自强不息)
홍보(弘報) 홍익(弘益)

❑ 京(서울 경; 亠 - 총 8획; jīng) 高(높을 고; 高 - 총 10획; gāo)

甲骨文	金文	戰國文字	小篆	隸書	楷書

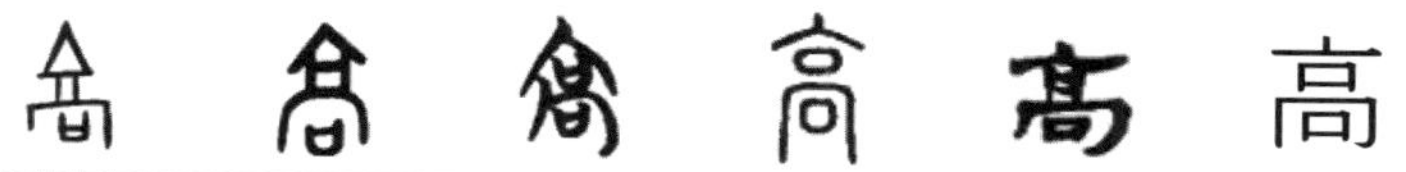

甲骨文	金文	戰國文字	小篆	隸書	楷書

자원해설

높고 큰 누각을 본뜬 상형자로, 高(높을 고)자가 京자에서 분화되었다. 크고 높은 건축물을 상형하여 '높다', '크다' 등의 의미를 나타낸 동시에, 이러한 건물들이 있는 곳은 주로 도읍(都邑)이므로 도읍을 뜻하는 {京}을 나타내게 된 것이다. 구별부호인 口자를 더하여 高자가 만들어졌고, 이로써 '높다'는 뜻의 {高}를 전담하여 표기한 것이다.

활용단어

경기(京畿)	경성(京城)	경향(京鄕)
고령화(高齡化)	최고(最高)	고원(高原)
고속(高速)	고급(高級)	고층(高層)

□ 古(옛 고; 口 - 총 5획; gǔ)

甲骨文 金文 戰國文字 小篆 隸書 楷書

자원해설

古자가 만들어진 원리는 위에서 언급한 弘(넓을 홍), 强(강할 강)과 같다. 단단한 무기인 방패(中, 申)에 구별부호 口를 더하여 만든 글자이며, 본래 의미는 '단단하다'이다. '옛', '오래다'라는 의미는 가차된 것이고, '단단하다'는 본의를 강조하기 위해 囗('圍'의 古字)를 추가하여 固자가 만들어졌다.

활용단어

고적(古蹟) 고전(古典) 고철(古鐵)
고집(固執) 확고(確固) 견고(堅固)

❑ 吉(길할 길; 口 - 총 6획; jí)

甲骨文	金文	戰國文字	小篆	隸書	楷書

자원해설

弘/强, 古와 마찬가지로 구별부호인 口와 창의 날() 또는 도끼의 날()을 더하여 만든 글자로서, '건장하다'는 뜻이 본의이다. '건장하다'는 의미가 '좋다', '길하다' 등으로 인신되자 人(사람 인)을 추가하여 본래 의미만을 전담하는 글자 佶(건장할 길)자를 만들었다.

활용단어

길상(吉祥) 길성(吉星) 길조(吉兆)
길흉화복(吉凶禍福) 택길(擇吉)
입춘대길(立春大吉)

❑ 尙(오히려 상; 小 - 총 8획; shàng) 堂(집 당; 土 - 총 11획; táng)

甲骨文	金文	戰國文字	小篆	隸書	楷書

甲骨文	金文	戰國文字	小篆	隸書	楷書

자원해설

堂은 尙에서 나온 분화자이다. 尙자의 은 대청마루를 본뜬 자형이고, 여기에 구별부호인 口와 장식성 필획이 더해지면서 의 모양이 형성되었다. 여기에 다시 장식성 필획이 가운데 상단에 더해져 지금의 尙자가 된 것이다. 따라서 尙의 본래 의미는 '대청마루'이며, 인신되어 '높다', '집' 등의 의미가 나왔다. 금문 단계에 尙의 본래 의미를 강조하기 위해 土나 高자의 일부분을 더하였고, 나중에 土가 의미부호로 더해진 堂자로 이어졌다.

활용단어

당당(堂堂)　사당(祠堂)　강당(講堂)
식당(食堂)　전당(殿堂)　당구풍월(堂狗風月)

❑ 同(한가지 동; 口 - 총 6획; tóng) 用(쓸 용; 用 - 총 5획; yòng)

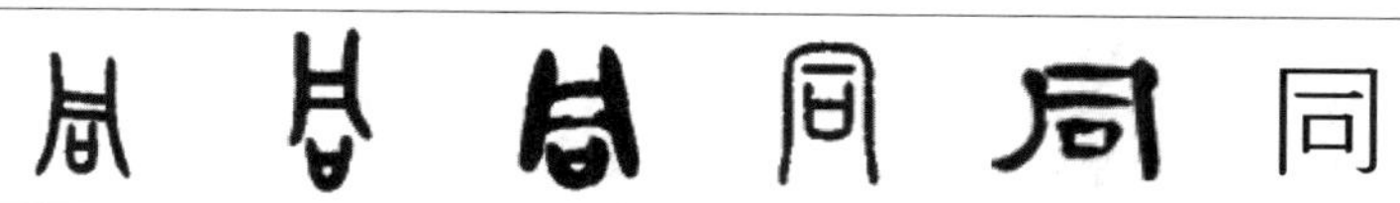

甲骨文	金文	戰國文字	小篆	隸書	楷書

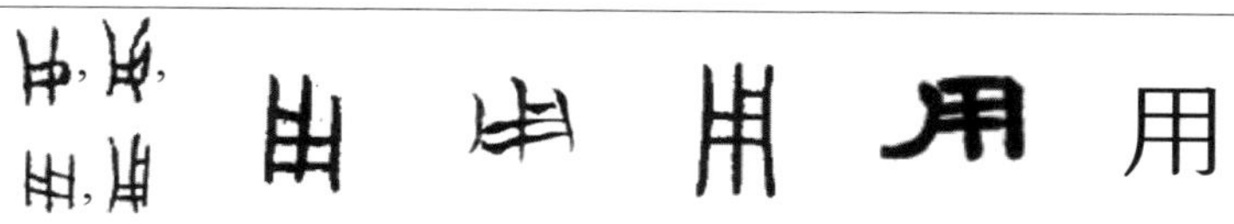

甲骨文	金文	戰國文字	小篆	隸書	楷書

자원해설

同은 본래 用에서 분화된 글자이다. 用은 손잡이가 달려있는 '컵' 또는 '통'을 본뜬 상형자이고, 同은 손잡이가 없는 '통'을 본뜬 상형자이다. (用)에서 손잡이를 생략하면 의 형태가 되는데, 여기에 구별 부호인 口를 더하여 지금의 同자가 되었다. 同이 가차되어 '같다', '동일하다'는 의미로 쓰이자, 본래 의미를 구분하기 위하여 筒(대통 통), 桶(통 통) 등의 글자가 만들어졌다.

활용단어

동맹(同盟)	동료(同僚)	동포(同胞)
동의(同意)	동참(同參)	부화뇌동(附和雷同)
용어(用語)	용도(用途)	고용(雇用)
적용(適用)	남용(濫用)	착용(着用)

❑ 告(알릴 고; 口 - 총 7획; gào)

甲骨文	金文	戰國文字	小篆	隸書	楷書

자원해설

告자의 조자본의(造字本義)에 대하여는 舌(혀 설)자와 관련하여 생각해볼 수 있다. 혹자는 牛(제사희생물)와 口(기도하다)로 구성되어 제사를 지낼 때, 신령에게 축고(祝告)하는 의미를 담았다고 보기도 하는데, 舌의 갑골문이 인 것을 감안할 때 '알리다', '보고하다' 등의 의미를 위해 舌자에 필획을 더하여 혀의 활동을 강조한 것으로 보는 것이 가장 타당할 것이다.

활용단어

고발(告發) 고소(告訴) 고별(告別)

경고(警告) 광고(廣告) 예고(豫告)

❑ 黑(검을 흑; 黑 - 총 12획; hēi) 墨(먹 묵; 土 - 총 15획; mò)

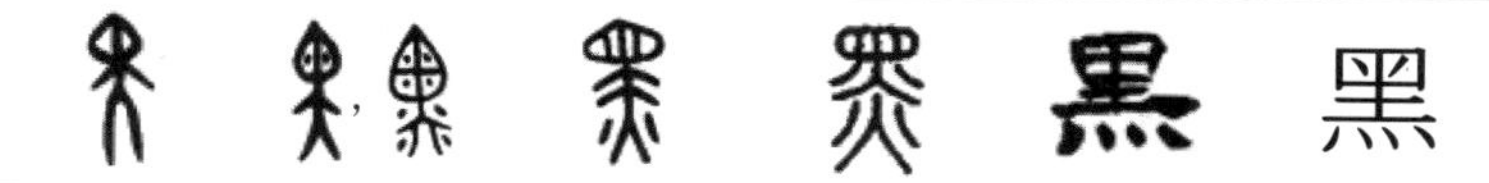

甲骨文	金文	戰國文字	小篆	隸書	楷書

甲骨文	金文	戰國文字	小篆	隸書	楷書

자원해설

墨은 黑자에서 분화된 글자이다. 黑은 사람의 얼굴에 점을 찍은 것으로, 고대에 범죄를 저지른 죄인의 얼굴에 문신을 하는 묵형(墨刑)을 표현한 상형자이다. 이로써 '검다'는 뜻을 나타냈고, 黑자에 의미부호 土를 더하여 벼루에 갈아서 쓰는 먹을 나타냈다.

활용단어

흑색(黑色) 흑연(黑鉛) 암흑(暗黑)
묵형(墨刑) 지필묵(紙筆墨) 근묵자흑(近墨者黑)

❑ 見(볼 견; 見 - 총 7획; jiàn)

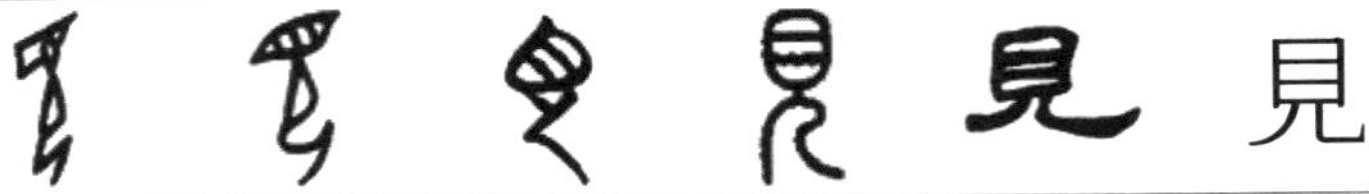

甲骨文	金文	戰國文字	小篆	隷書	楷書

자원해설

무릎을 꿇고 앉아 있는 사람의 눈을 강조한 글자이다. 앉아 있는 모습이 변형되어 지금의 見자가 되었다. 이와 달리 서 있는 사람의 눈을 강조한 글자인 갑골문 자는 나중에 소리부호인 示(보일 시)를 추가하여 視자가 만들어졌다.

활용단어

견문(見聞)	식견(識見)	견해(見解)
편견(偏見)	기자회견(記者會見)	견리사의(見利思義)

❑ 考(상고할 고; 老 - 총 6획; kǎo) 老(늙은이 로{노}; 老 - 총 6획; lǎo)

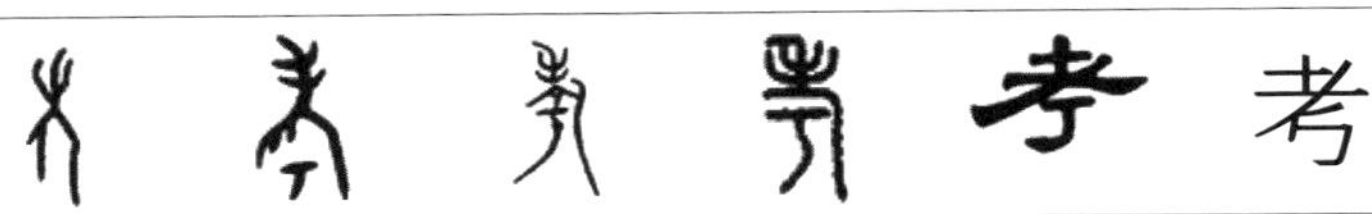

甲骨文	金文	戰國文字	小篆	隷書	楷書

甲骨文	金文	戰國文字	小篆	隸書	楷書

자원해설

考자는 老(늙은이 로, )자에서 분화된 글자이다. 머리카락이 성기어진 늙은 사람이 지팡이를 짚고 있는 모양을 본뜬 글자이며, 은나라부터 당나라 시대까지 '연로(年老)'하다는 뜻으로 쓰였다. 자형을 보면 금문시기부터 지팡이가 점차 소리부호를 나타내는 丂(상고할 고; 공교할 교)자로 변형되었고, 지금의 考자가 되었다. 考자가 '깊이 생각하다'라는 뜻을 나타내게 된 것은 아마도 나이가 연로한 사람들의 경험이 신중한 성찰(省察)이나 고찰(考察)과 밀접한 관련이 있기 때문일 것이며, '연로하다'에서 '성찰하다' 또는 '고찰하다'로 의미가 인신(引伸)된 것으로 사료된다. 老자는 에서 더해진 소리부호 丂가 匕(비수 비)로 변형되어 형성된 글자이다. 본래 의미인 '연로하다' 또는 '늙은이'는 考, 老 모두 나타낼 수 있었는데, 당나라 이후부터는 老자만 '연로하다'는 의미를 전담하게 되었다.

활용단어

고려(考慮)	고사(考査)	고시(考試)
고찰(考察)	참고(參考)	숙고(熟考)
노련(老鍊)	노령(老齡)	노약자(老弱者)
원로(元老)	경로(敬老)	노마지지(老馬之智)

❑ 尹(다스릴 윤; 尸 - 총 4획; yǐn) 君(임금 군; 口 - 총 7획; jūn)

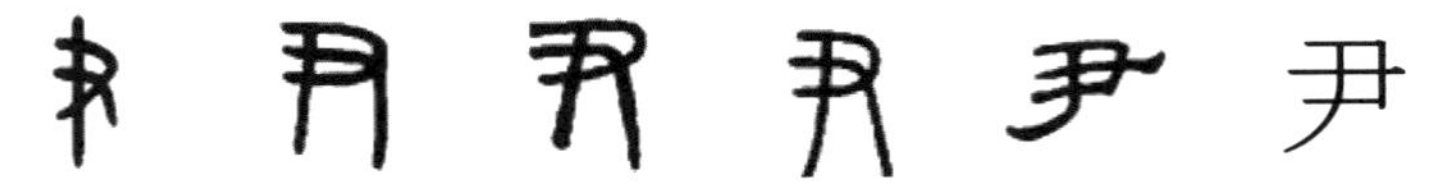

甲骨文	金文	戰國文字	小篆	隸書	楷書

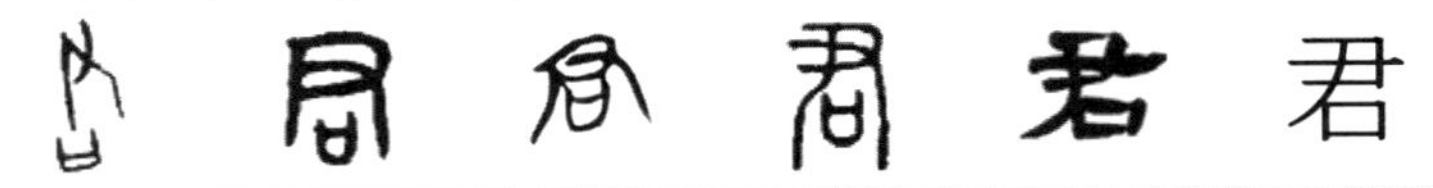

甲骨文	金文	戰國文字	小篆	隸書	楷書

자원해설

君은 尹에서 분화되어 나온 글자이다. 尹은 본래 손으로 권력을 상징하는 지팡이를 잡고 있는 모양을 본뜬 글자이며, '다스리다', '우두머리' 등의 뜻을 나타냈다. 이러한 의미가 인신되어 '대부(大夫)이상의 높은 직급을 가진 통치자'라는 뜻으로 쓰이자, 구별부호 또는 의미부호(호령하는 입) 口를 추가한 君자로 尹과 구별하여 썼다.

활용단어

군림(君臨) 군신(君臣) 군주(君主)
군자(君子) 제군(諸君) 사군이충(事君以忠)

❑ 鬼(귀신 귀; 鬼 - 총 10획; guǐ)

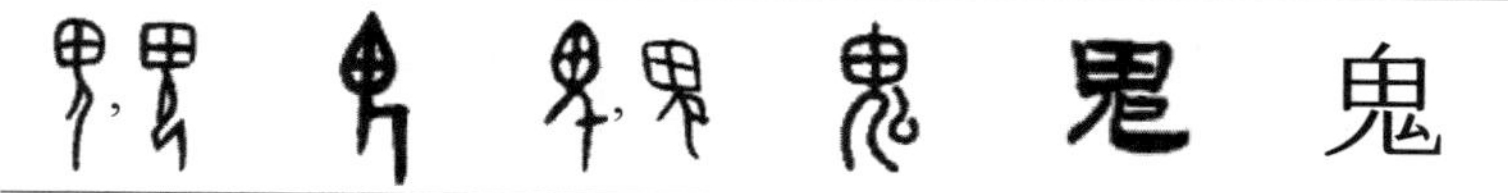

甲骨文	金文	戰國文字	小篆	隸書	楷書

자원해설

초기 갑골문 자형은 사람 머리가 田으로 되어있다. 鬼자의 갑골문은 또는 로 서사하는데, 見과 視의 경우와 달리 서 있는 (人)과 앉아 있는 (卩) 모두 통용될 수 있는 편방으로 쓰였다. 머리에 달린 田은 사람이 무서운 가면을 쓴 것으로, 이를 통하여 원시사회의 관념 속 '귀신'을 나타낸 것이라고 보는 견해가 지배적이다. 금문 단계부터 田 모양이 囟(정수리 신)으로 변형되는데, 이는 사람이 죽으면 혼기(魂氣)가 정수리를 통하여 빠져나간다는 생각에서 기인한 것이라고도 한다. 囟이 소전단계에서 甶(귀신 머리 불)로 변형되었다. 오른쪽 아래의 厶는 전국문자 단계에 사람 몸에 추가된 아무 의미 없는 장식성 필획이 변형된 것이다.

활용단어

귀신(鬼神) 마귀(魔鬼) 악귀(惡鬼)
아귀(餓鬼) 역귀(疫鬼)

❑ 企(꾀할 기; 人 - 총 6획; qǐ)

甲骨文	金文	戰國文字	小篆	隸書	楷書

자원해설

企는 본래 사람이 발뒤꿈치를 들어 까치발을 하고 있는 모습을 본뜬 상형자이다. 企의 본래 의미는 '까치발을 들다'인데, 이러한 의미가 인신되어 '발돋움하다', '도모하다', '계획하다' 등의 의미가 나왔다.

활용단어

기업(企業) 기획(企劃)

❑ 旦(아침 단; 日 - 총 5획; dàn)

甲骨文	金文	戰國文字	小篆	隷書	楷書

자원해설

해가 지면으로부터 떠오르는 모양을 본뜬 상형자이다. 거북 껍질이나 뼈에 새긴 갑골문과 달리 금문은 청동기에 주조하면서 새긴 것이기 때문에, 시기적으로 금문이 후대의 문자에 속한다 하더라도 간혹 금문이 오히려 갑골문보다 상형성이 더욱 짙은 경우가 있는데, 旦자의 금문 자형인 자가 그러한 경우이다. 그리고 갑골문 과 전국문자 의 , 은 丁(고무래 정)자의 고문자이다. 旦과 丁의 발음이 고대중국어에서 매우 유사하였으므로 고문자시기에 旦의 하단을 (), ()으로 쓴 자형들이 보인다.

활용단어

단석(旦夕) 원단(元旦) 일단(一旦)

❑ 麗(고울 려{여}; 鹿 - 총 19획; lì)

					麗
甲骨文	金文	戰國文字	小篆	隸書	楷書

자원해설

아름답게 대칭을 이루는 사슴뿔()을 강조하여 만든 상형자이다. 麗는 본래 '짝을 이루다', '화려(華麗)하다'는 뜻을 나타냈었는데, 나중에 人자를 추가하여 儷(짝 려)자를 후기자로 만들었고, 麗는 주로 '화려(華麗)하다'는 뜻만 나타냈다.

활용단어

여희(麗姬)	미려(美麗)	화려(華麗)
수려(秀麗)	명려(明麗)	미사여구(美辭麗句)

❑ 立(설 립{입}; 立 - 총 5획; lì)

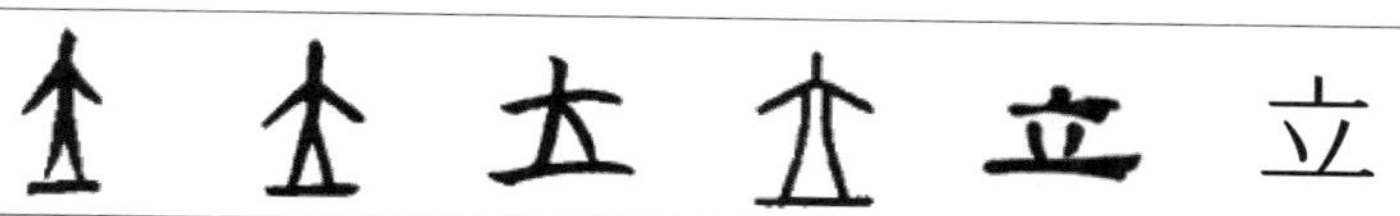

甲骨文	金文	戰國文字	小篆	隸書	楷書

자원해설

사람(大)이 지면 위에 서있는 모습을 본뜬 글자로 '서다'는 뜻을 나타냈다. 의미가 인신되어 '임금이 왕 위에 오르다'는 뜻이 파생되었다.

활용단어

입장(立場) 입각(立脚) 옹립(擁立)
독립(獨立) 수립(樹立) 입신양명(立身揚名)

❑ 勿(말 물; 勹 - 총 4획; wù)

甲骨文	金文	戰國文字	小篆	隸書	楷書

자원해설

勿은 예리한 칼로 사물을 베는 모습을 본뜬 상형자이다. 본래 의미는 '칼로 베다'인데 가차되어 부정사(不定詞)로 쓰이자, 본래 의미를 강조하기 위해 刎(목 벨 문)자를 만들었다.

활용단어

물론(勿論) 기소불욕, 물시어인(己所不欲, 勿施於人)

❑ 每(매양 매; 毋 - 총 7획; měi)

甲骨文	金文	戰國文字	小篆	隸書	楷書

자원해설

비녀를 꽂아 여성의 머리를 장식한 모습을 본뜬 상형자이다. 女와 母는 같은 글자에서 분화된 것인데, 손을 다소곳이 모은 상태로 앉아 있는 여성을 본뜬 글자가 女이고, 女에 구별을 위한 점 두 개를 더한 글자가 母이다. 每는 女의 머리에 비녀를 꽂아 놓은 모양인데, 글자의 독음을 고려하여 금문 단계부터 女가 母로 변형되었고(每와 母는 고대 중국어에서 발음이 같았다.), 지금의 每자가 되었다. 每의 본래 의미가 무엇인지 확실하지는 않지만, 每의 '초목이 무성하다'는 뜻은 아마도 아름답게 장식한 여성의 머리모양과 관련이 있을 것이다. '매양', '늘', '매번' 등의 의미는 가차된 것이다.

활용단어

매주(每週) 매번(每番) 매양(每樣)
매호(每號) 매회(每回)

❑ 文(글월 문; 文 - 총 4획; wén)

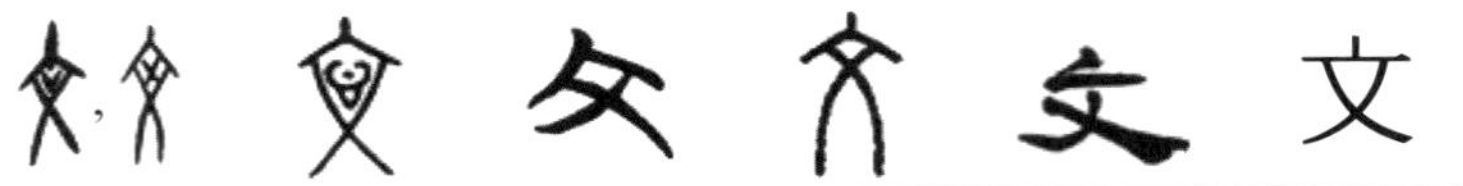

甲骨文 金文 戰國文字 小篆 隸書 楷書

자원해설

사람의 가슴에 문신(文身)을 새긴 모습을 본뜬 상형자이다. 이를 통하여 '무늬'라는 의미를 나타냈는데, 의미가 인신되어 '글', '문장'이라는 뜻이 나왔다. 文자가 '글'이라는 뜻으로만 쓰이자, 본래 의미인 '무늬'를 구별하여 나타내기 위해 의미부호인 糸자를 추가하여 紋(무늬 문)자를 만들었다.

활용단어

문화(文化)	문명(文明)	문헌(文獻)
문맥(文脈)	윤문(潤文)	문무겸비(文武兼備)

❑ 尾(꼬리 미; 尸 - 총 7획; wěi)

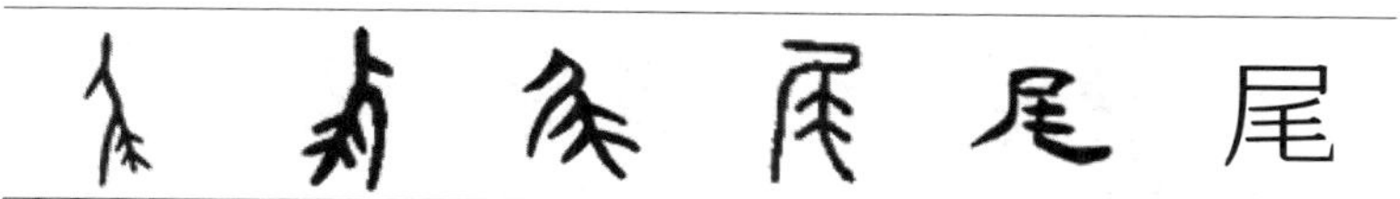

甲骨文	金文	戰國文字	小篆	隸書	楷書

자원해설

사람 엉덩이에 꼬리장식을 달아놓은 모습을 본뜬 상형자이다. 아마도 고대에 꼬리장식을 엉덩이에 달고 다니는 풍습이 있었을 것으로 추정된다. 허신은 『설문해자(說文解字)』에서 서남쪽에 거주하는 오랑캐 민족에게 그러한 풍습이 있었다고 하는데, 『후한서(後漢書)·서남이열전(西南夷列傳)』에도 이러한 기록이 있다.

활용단어

미행(尾行) 미골(尾骨) 말미(末尾)
교미(交尾) 연미(燕尾) 용두사미(龍頭蛇尾)

❑ 望(바랄 망; 月 - 총 11획; wàng)

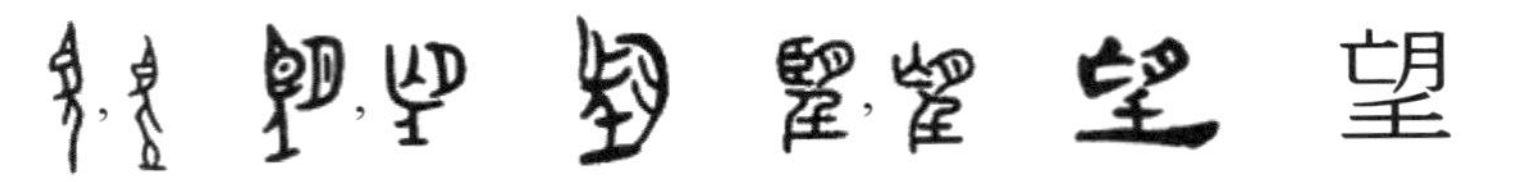

甲骨文	金文	戰國文字	小篆	隸書	楷書

자원해설

눈(目)을 90도로 회전시킨 臣과 人으로 구성하여 먼 곳을 바라보는 모습을 본뜬 글자이다. 은 土를 더하여 높은 곳에 올라가 바라본다는 의미를 강조한 듯하다. 望에 삭망(朔望)의 望(보름)이라는 의미가 있게 되자, 금문 단계에서 月(달 월)자를 추가하였다. 금문 단계에서 臣을 亡으로 교체한 자가 등장하는데, 이는 의미부호를 소리부호로 교체한 것이다. 소전단계에서는 臣을 편방으로하는 과 亡을 편방으로하는 , 즉 같은 글자의 이체자(異體字)로 '보름', '바라다' 두 의미를 나누어 표시하였다. 『설문해자』를 보면 "朢은 달이 차올랐다는 뜻이다(, 月滿也).", "望은 도망을 나가 외지에 있으면서 돌아가기를 바란다는 뜻이다(, 出亡在外, 望其還也)."라고 하여, 두 자형이 각기 다른 의미를 나타내고 있다. 후대에는 亡을 편방으로 하는 望자만 쓰게 되었고, '보름', '바라다' 두 가지 의미를 모두 나타냈다.

활용단어

망원경(望遠鏡) 전망(展望) 희망(希望)
절망(絶望) 삭망(朔望) 망운지정(望雲之情)

❑ 童(아이 동; 立 - 총 12획; tóng)

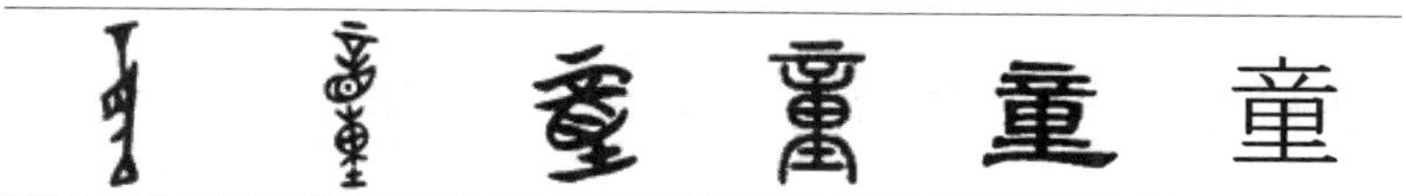

甲骨文	金文	戰國文字	小篆	隸書	楷書

자원해설

머리에 장식을 한 죄인을 본뜬 상형자로 보기도 하고, 형벌도구로 눈이 찔린 죄인을 본뜬 상형자로 보기도 한다. 에서 '目' 위의 형상은 辛(매울 신)의 갑골문(,)인데, 일반적으로 형벌도구를 상형한 글자로 본다. 그러나 龍(용 용)자의 갑골문을 보면, 머리에 뿔이 달린 자형인 이 마치 머리에 辛 자형이 달린 것처럼 으로 변형된다. 따라서 의 머리 위의 이 어떤 장식이 변형된 것일 가능성을 아주 배제할 수 없기 때문에, 이 특정 머리장식을 한 사람인지, 형벌도구로 눈이 찔린 사람인지 아직 단정하기는 어렵다. 童의 본래 의미는 노예인데, 인신되어 어린아이라는 뜻이 되었다.

활용단어

동화(童話)	동요(童謠)	동시(童詩)
아동(兒童)	학동(學童)	목동(牧童)

❑ 無(없을 무; 火 - 총 12획; wu) 舞(춤출 무; 舛 - 총 14획; wǔ)

甲骨文	金文	戰國文字	小篆	隸書	楷書

甲骨文	金文	戰國文字	小篆	隸書	楷書

자원해설

소꼬리나 새 깃털 장식 등을 들고 춤을 추는 사람의 형상을 본뜬 상형자이다. 가차하여 유무(有無)의 無를 뜻하는 {無}를 나타내자, 본래 의미인 '춤추다'는 뜻을 구별하여 나타내기 위해 금문 단계에서 발을 강조하였고() 지금의 舞자로 분화되었다. '없다'는 뜻을 나타내는 글자는 본래 소꼬리나 새 깃털 장식을 표현한 것의 아래 부분()이 灬(火)로 변형되면서 無자가 되었다.

활용단어

무고(無辜) 무선(無線) 무려(無慮)
무방비(無防備) 허무(虛無) 유비무환(有備無患)

❑ 民(백성 민; 氏 - 총 5획; mín)

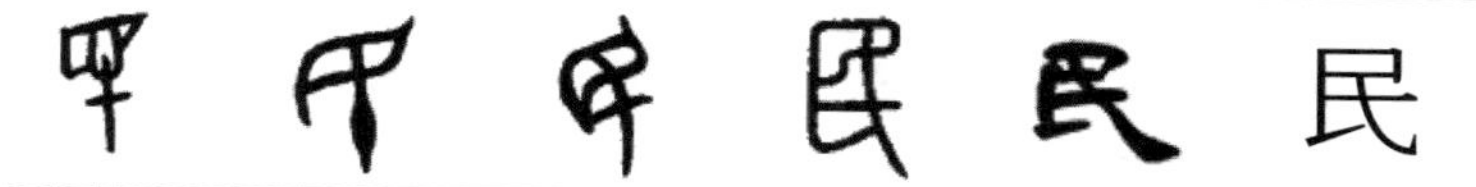

甲骨文	金文	戰國文字	小篆	隸書	楷書

자원해설

날카로운 도구로 눈을 찌르는 모습을 본뜬 상형자이다. 눈을 찔러 실명시킴으로써 노예를 만들었음을 나타낸 글자이다. 民의 본래 의미는 아마도 노예와 같은 천한 사람을 가리켰을 것이며, 이러한 의미가 인신되어 평민, 서민 등의 의미가 나왔을 것이다.

활용단어

민족(民族)	민주(民主)	민원(民願)
민의(民意)	민담(民譚)	여민동락(與民同樂)

❑ 豊(풍성할 풍; 豆 - 총 13획; fēng) 禮(예도 례{예}; 示 - 총 18획; lǐ)

甲骨文	金文	戰國文字	小篆	隸書	楷書

甲骨文	金文	戰國文字	小篆	隸書	楷書

자원해설

禮는 豊에서 분화된 글자이다. 豊은 두 개의 옥(玉)인 玨(쌍옥 각)과 악기의 일종인 북을 상형한 壴(악기 이름 주, 鼓)로 구성된 회의자이며, 禮를 행하는데 중요한 기물인 '옥과 악기' 통하여 '禮'라는 의미를 나타냈다. 중국 고대사회에서는 예를 행할 때, 항상 북(鼓)과 옥(玨)을 사용했었다. 豊이 禮라는 뜻에서 '흥성하다', '풍성하다'는 뜻으로 인신되자, 본래 의미를 강조하기 위하여 제사와 관련된 모든 글자에 들어가는 의미부호 示(보일 시)를 추가하여 禮자가 만들어졌다. 따라서 禮는 의미부호 示와 의미부호와 소리부호를 겸하는 豊으로 이루어진 회의겸형성자라고 할 수 있다.

활용단어

예절(禮節)	예의(禮儀)	관례(冠禮)
혼례(婚禮)	상례(喪禮)	제례(祭禮)

풍부(豊富)	풍성(豊盛)	풍족(豊足)
풍요(豊饒)	풍년(豊年)	대풍(大豊)

❏ 各(각각 각; 口 - 총 6획; gè)

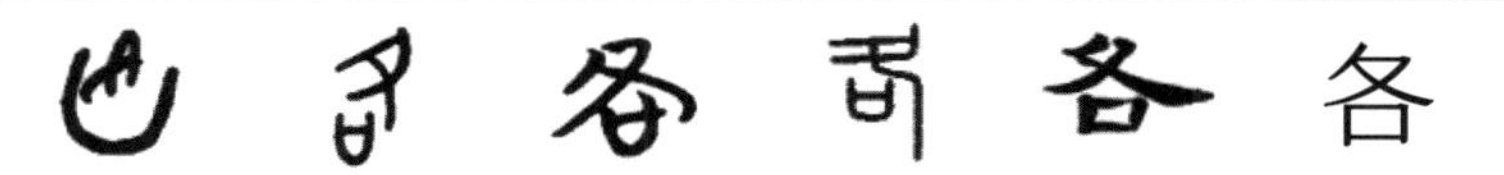

甲骨文　金文　戰國文字　小篆　隸書　楷書

자원해설

사람의 발(夊)이 '움집 안' 또는 '추상적인 공간'으로 들어오는 모양으로 본래 의미인 '도달하다'는 뜻을 나타냈다. 공간을 나타내는 이 갑골문에서 구별부호로 자주 쓰이는 '口'로 대체되면서 지금의 各자가 되었다. 各자의 소리를 가차하여 '각각', '각별' 등의 추상적 의미를 가지는 단어 {各}을 나타냈고, 본래 의미인 '도달하다', '오다' 등의 의미는 格자를 차용하여 표현하게 되었다.

활용단어

각종(各種)	각별(各別)	각자(各自)
각계(各界)	각부(各部)	각양각색(各樣各色)

❑ 間(사이 간; 門 - 총 12획; jiān) 閒(틈 한{사이 간}; 門 - 총 12획; xián)

甲骨文 金文 戰國文字 小篆 隸書 楷書

자원해설

본래 月(달 월)과 門(문 문)으로 이루어진 회의자로, 문 틈 사이로 보이는 달의 형상을 통하여 '틈', '사이'를 뜻하는 단어 {閒}을 표기하였다. 공간적 의미의 '사이'라는 의미가 인신(引伸)되어 시간적 의미의 '틈', '여유'가 파생되었다. 閒자가 통용되다가 나중에 日(날 일)자로 편방(偏旁)을 대체한 글자 間이 공간적 여유를 뜻하는 단어를 표기하였고, 시간적 여유를 뜻하는 단어는 閒이 전담하여 표기하게 된다. 단어의 발음도 분화되어 '간', '한'으로 나뉘게 되었다. 발음이 같은 閑(막을 한)자가 閒자와 혼용되기도 하였는데, 우리말 한자어에서는 대부분 시간적 여유를 나타내는 '한가롭다'는 뜻은 대체로 閑자를 사용하는 경우가 많다.

활용단어

시간(時間)	순간(瞬間)	기간(期間)
간첩(間諜)	간격(間隔)	곳간(庫間)
한가(閑暇)	농한기(農閑期)	한산(閑散)
한량(閑良)	한적(閑寂)	한담(閑談)

❑ 敢(감히 감; 攴 - 총 12획; gǎn)

甲骨文	金文	戰國文字	小篆	隸書	楷書

자원해설

갑골문을 보면 두 손으로 사냥도구를 가지고 짐승과 맞서는 모습을 하고 있다. 갑골문에서는 '갑자기 돌진하여 공격하다'는 뜻으로 쓰였는데, 맹수 앞에서 과감히 돌격의 자세를 취하는 것에서 훗날 '용감하다'는 의미가 파생되었을 것이다. 자 위의 은 (豕, 돼지 시)자를 거꾸로 쓴 것으로, 자형이 간소화 되면서 으로 변형되었다. 사냥도구인 의 상단 이 떨어져 나오면서 口자의 모양을 형성하였고, 과 口가 결합하면서 의 모양으로 변형되었다. 위에 제시된 금문의 오른쪽 자형인 의 口에 점이 찍혀있다. 이는 甘(달 감)자의 원형으로, 소리를 강조하기 위해 口를 甘으로 대체한 것이다.

활용단어

과감(果敢) 감행(敢行) 용감(勇敢)
언감생심(焉敢生心)

❑ 監(볼 감; 皿 - 총 14획; jiān)

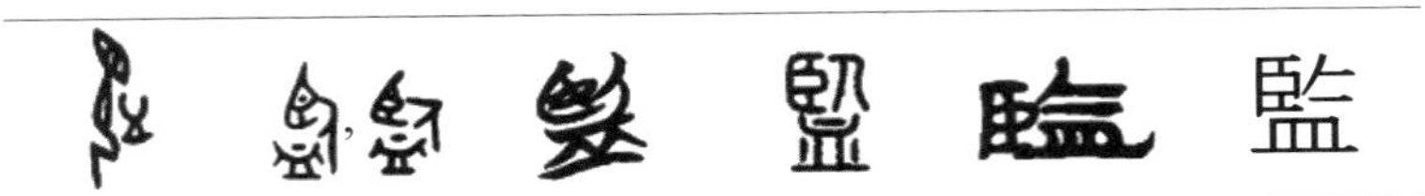

甲骨文	金文	戰國文字	小篆	隸書	楷書

자원해설

사람이 무릎을 꿇고 쟁반에 담긴 물에 자기 자신을 비추어 보는 모습을 표현한 글자이다. 눈을 표현한 目(눈 목)자가 기울어지다가 금문에서 떨어져 나와 臣(신하 신)으로 변하였다. 사람의 몸은 人자로 변하였고, 예서부터 監의 형태를 갖추게 되었다. 금문의 을 보면 쟁반을 나타내는 皿(그릇 명)에 점이 찍혀 있는데, 이는 쟁반에 담긴 물을 의미한다. 監의 본래 의미는 '비추어보다', '거울삼다'이며, 다시 인신(引伸)되어 '거울', '살펴보다', '감시하다' 등의 의미가 파생되었다. 그리고 '거울'이라는 인신의(引伸義)를 위해 金(쇠 금)자 편방을 더해 鑑(거울 감)자가 만들어졌다.

활용단어

감독(監督)	감시(監視)	감옥(監獄)
감사(監査)	감찰(監察)	수감(收監)

❑ 降(내릴 강{항복할 항}; 阜 - 총 9획; jiàng)

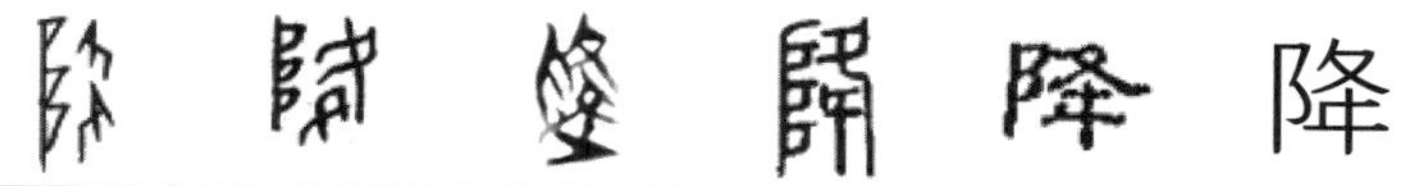

甲骨文	金文	戰國文字	小篆	隸書	楷書

자원해설

두 발로 언덕을 내려오는 모습을 표현한 글자이다. 높은 곳에서 아래로 내려온다는 의미가 인신(引伸)되어 '투항하다'는 뜻을 갖게 되었는데, 발음이 분화되어 '항'이 되었다.

활용단어

하강(下降) 항복(降伏/降服) 투항(投降)
승강기(昇降機) 강림(降臨) 강우량(降雨量)

❑ 開(열 개; 門 - 총 12획; kāi) 闢(열 벽; 門 - 총 21획; pì)

甲骨文	金文	戰國文字	小篆	隸書	楷書

甲骨文	金文	戰國文字	小篆	隸書	楷書

자원해설

두 손으로 문을 여는 모습을 본뜬 글자이다. 초기에는 開와 闢 모두 '문을 열다'는 뜻으로 쓰였는데, 나중에 開는 '열다', '개간하다'는 의미로 광범위하게 쓰였고, 闢은 주로 '개간하다'는 의미로만 쓰였다. 闢자는 전국문자에서 둥근 모양의 옥을 상형한 璧(둥근 옥 벽)자를 소리부호로 추가하였고, 훗날 辟(임금 벽)자를 소리부호로 대체하였다.

활용단어

개발(開發) 개방(開放) 개최(開催)
미개(未開) 개간(開墾) 비공개(非公開)
개벽(開闢) 천지개벽(天地開闢)

❑ 巨(클 거; 工 - 총 5획; jù) 矩(곱자 구; 矢 - 총 10획; jǔ)

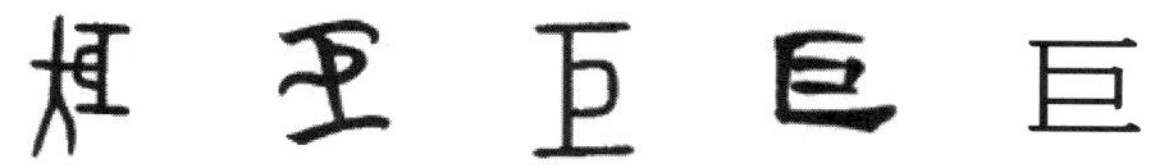

甲骨文	金文	戰國文字	小篆	隸書	楷書

甲骨文	金文	戰國文字	小篆	隸書	楷書

자원해설

정면으로 서 있는 사람이 곱자(矩)를 들고 있는 모습을 본뜬 글자이다. 정면으로 서 있는 사람인 大(큰 대)가 생략되면서 巨자가 되었는데, 본래 의미인 '곱자'는 고전문헌에만 남아 있다. '크다'는 의미를 나타내는 {巨}는 가차된 것이다. 전국시대부터 大자를 생략하지 않은 자형이 '곱자'를 뜻하는 {矩}를 전담하였는데, 大가 와변(訛變)되어 矢자로 변형되었고, 곱자를 보통 나무재질로 만들었기 때문에 木(나무 목)자가 추가되어 ''자가 만들어졌다. 나중에 다시 木을 생략하여 지금의 矩자가 되었다. 巨와 矩는 한 글자에서 분화된 것으로서 '곱자'가 본의이며, 가차된 '크다'는 뜻의 {巨}는 巨가, '곱자'라는 뜻의 {矩}는 矩자가 전담하게 된 것이다.

활용단어

거액(巨額) 거시(巨視) 거성(巨星)
거창(巨創) 거장(巨匠) 규구준승(規矩準繩)

□ 建(세울 건; 廴 - 총 9획; jiàn)

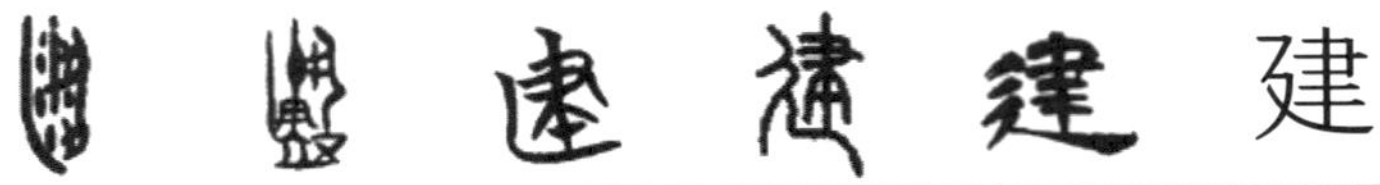

甲骨文	金文	戰國文字	小篆	隸書	楷書

자원해설

사람이 특정 공간(乚)에 무언가를 심어 세우는 모양을 본뜬 글자이다. 갑골문 자형에 있는 점들은 아마도 이러한 공정과정에서 나오는 흙 알갱이일 것이다. 나중에 사람의 손만 남는 형태로 생략되어 지금의 建자가 되었다.

활용단어

건설(建設)　　건축(建築)　　건의(建議)
건조물(建造物)　　봉건(封建)　　건공지신(建功之臣)

❑ 遣(보낼 견; 辵 - 총 14획; qiǎn)

甲骨文 金文 戰國文字 小篆 隸書 楷書

자원해설

갑골문을 보면 두 손()과 군대를 의미하는 𠂤(師)로 이루어진 글자로 '파견하다'는 뜻과 어떤 관계가 있는지 아직 명확하게 알 수 없다. 금문 단계에서 행보를 뜻하는 의미부호 辵(갈 착) 또는 走(달릴 주)가 추가되었고, 이 으로 와변(訛變)되면서 지금의 遣자가 되었다.

활용단어

견외(遣外) 견귀(遣歸) 파견단(派遣團)
파견장교(派遣將校) 파견부대(派遣部隊)

❏ 兼(겸할 겸; 八 - 총 10획; jiān)

甲骨文	金文	戰國文字	小篆	隷書	楷書

자원해설

볏단 두포기를 한 손으로 움켜쥔 모습을 본뜬 글자이다. 幷(어우를 병)과 같은 의미로 '겸하다', '아우르다', '겹치다' 등의 의미가 파생되었다.

활용단어

겸비(兼備) 겸임(兼任) 겸직(兼職)
겸애(兼愛) 겸업(兼業) 겸사겸사(兼事兼事)

❑ 耕(밭갈 경; 耒 - 총 10획; gēng)

甲骨文	金文	戰國文字	小篆	隸書	楷書

자원해설

耒(쟁기 뢰)와 田(밭 전)으로 이루어진 회의자이다. 소전단계에서 田자가 생략되고 소리부호로 井(우물 정)자가 추가되면서 형성자로 전환되었다.

활용단어

농경(農耕) 경작(耕作) 경운기(耕耘機)
우경(牛耕) 휴경지(休耕地) 주경야독(晝耕夜讀)

❑ 競(겨룰 경; 立 - 총 20획; jìng)

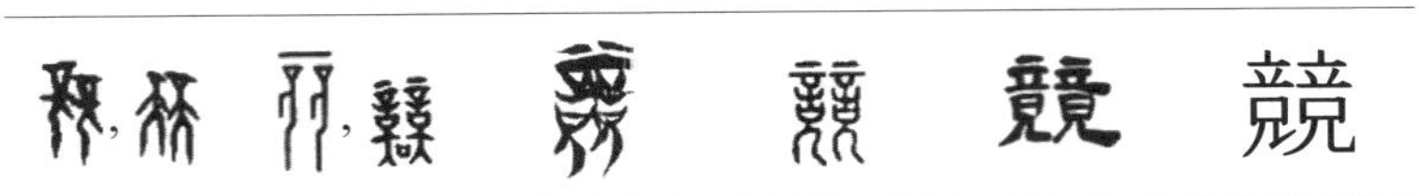

甲骨文 金文 戰國文字 小篆 隸書 楷書

자원해설

갑골문 자형을 보면 두 사람이 나란히 서 있거나, 앞뒤로 서 있는 모습을 하고 있다. 아마도 두 사람이 서로 경쟁한다는 의미를 앞뒤로 쫓아가는 모습이나 나란히 선 모습으로 표현한 듯하다. 머리 위에 달린 장식은 辛(매울 신)의 갑골문()인데, 妾(첩 첩)자 역시 이러한 형태로 되어 있다. 따라서 이를 두고 競자는 귀족들이 노예를 싸움시키는 것을 본뜬 것이라고 보는 견해가 있으나, 근거가 확실한 설은 아니다. 금문 단계부터 口자가 추가되면서 지금의 競자가 되었다.

활용단어

경쟁(競爭)	경매(競賣)	경선(競選)
경기(競技)	경주(競走)	경마(競馬)

❑ 鄕(시골 향; 邑 - 총 13획; xiāng) 卿(벼슬 경; 卩 - 총 12획; qīng)

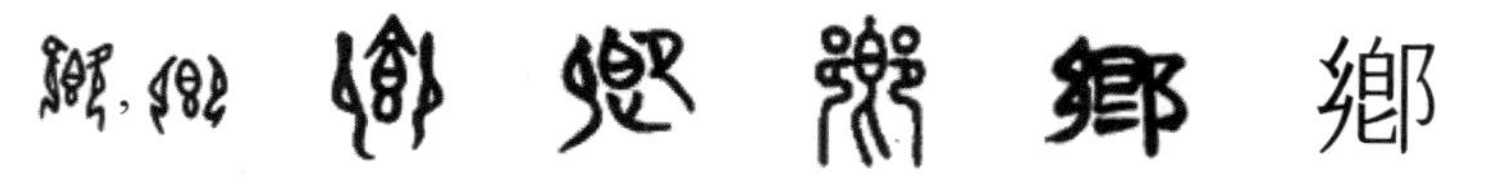

甲骨文	金文	戰國文字	小篆	隸書	楷書

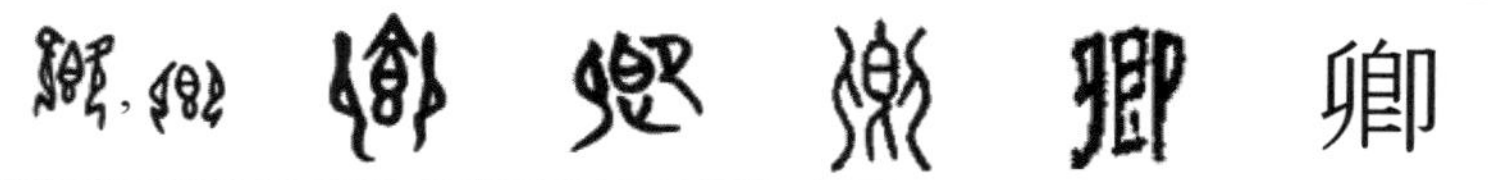

甲骨文	金文	戰國文字	小篆	隸書	楷書

자원해설

鄕의 갑골문은 두 사람이 서로 마주보고 음식을 먹는 모습을 본뜬 것으로, 서로 얼굴을 향하여 앉아 있는 모습에서 嚮(향할 향)의 의미가 나왔고, 함께 음식을 즐기는 모습에서 연회나 잔치를 의미하는 饗(잔치할 향)의 의미가 나왔다. 즉 鄕의 본래 의미는 '향하다', '잔치하다' 두 가지이며, '시골', '향당(鄕黨)'의 의미는 가차된 것이다. 따라서 본래 의미를 강조하기 위해 嚮자와 饗자가 생성된 것이다. (鄕)자가 가차되어 향당이라는 행정구역을 나타내게 되었고, 그 구역을 관리하는 사람을 향대부(鄕大夫)라 불렀다. 卿자는 본래 鄕(시골 향)에서 분화되어 만들어진 글자이다. 鄕자가 벼슬이나 직책을 의미하는 {卿}을 나타낸 것은 西周시기 금문에서부터 출현하기 시작하는데, 소전단계에서 글자 자형도 분화되어 지금의 卿자가 되었다.

활용단어

향토(鄕土)	향수(鄕愁)	고향(故鄕)
향촌(鄕村)	귀향(歸鄕)	금의환향(錦衣還鄕)
추기경(樞機卿)	공경(公卿)	상경(上卿)

❑ 戒(경계할 계; 戈 - 총 7획; jiè)

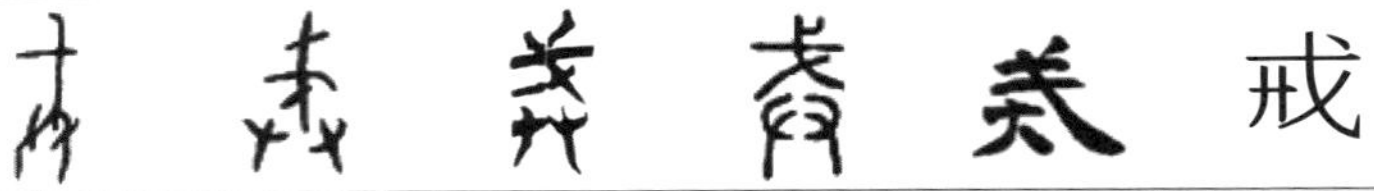

甲骨文	金文	戰國文字	小篆	隸書	楷書

자원해설

두 손으로 戈(창 과)를 들고 있는 모습을 본뜬 글자로 경계(警戒)의 의미를 나타냈다. 두 손을 그린 이 廾으로 변형되어 지금의 戒자가 되었다.

활용단어

경계(警戒)	징계(懲戒)	훈계(訓戒)
계엄령(戒嚴令)	계율(戒律)	단기지계(斷機之戒)

❑ 启(열 계; 口 - 총 11획; qǐ)

甲骨文	金文	戰國文字	小篆	隸書	楷書

자원해설

한 손으로 문을 여는 모습을 본뜬 글자이며, 갑골문에 口자가 구별부호 편방으로 들어가 있는 글자도 있다. 본래 손을 본뜬 글자인 '又'는 고문자단계에서 자주 攵(칠 복), 殳(창 수)와 의미부호로서 통용되는데, 나중에 攵으로 변형되어 지금의 启자가 되었다. '문을 열다'는 뜻이 인신되어 '계발(启發)', '계몽(启蒙)' 등의 의미를 갖게 되었다.

활용단어

계몽(启蒙)　　계발(启發)　　계도(启導)
계시(启示)

❑ 庫(곳집 고; 广 - 총 10획; kù)

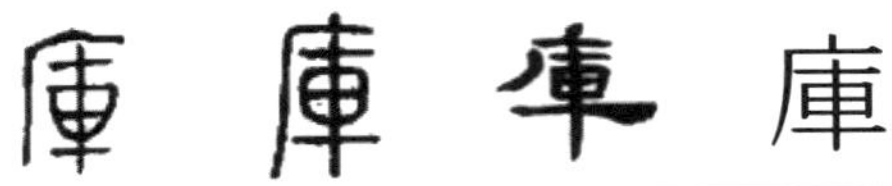

甲骨文	金文	戰國文字	小篆	隸書	楷書

자원해설

广(집 엄)과 車(수레 차)로 이루어진 會意字이다. 초기에는 전차(戰車)나 병기(兵器)를 보관하는 창고만을 뜻했으나, 점차 의미가 인신(引伸)되어 광범위하게 모든 물건을 보관하는 창고를 뜻하게 되었다.

활용단어

곳간(庫間) 창고(倉庫) 보고(寶庫)
서고(書庫) 냉장고(冷藏庫) 탄약고(彈藥庫)

❑ 鼓(북 고; 鼓 - 총 13획; gǔ)

甲骨文	金文	戰國文字	小篆	隷書	楷書

자원해설

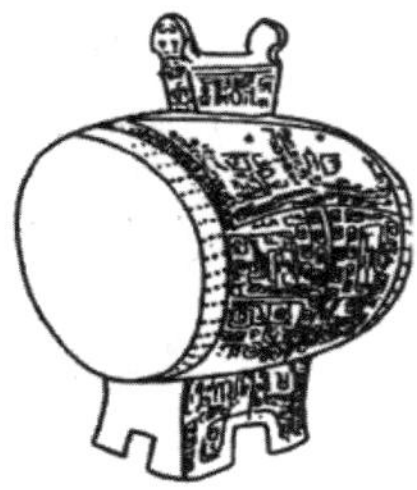

壴(악기 이름 주)와 支(가지 지)로 구성된 글자이다. 갑골문을 보면 壴의 자형인 이 북을 상형한 것임을 알 수 있다. 왼쪽 편방인 은 손으로 막대 또는 무기를 들고 있는 모양을 상형한 것으로 지금의 殳(창 수)자에 해당한다. 이는 분명 북을 연주하는데 사용하는 북채로서, 자 자체가 손으로 북채를 잡고 북을 치는 모양을 본뜬 것이다. 이와 같이 손으로 하는 행동을 표현한 글자의 경우 殳, 支(, 대나무 가지를 손으로 잡은 것), 攴(, 막대를 손으로 잡은 것) 세 글자가 편방으로 통용될 수 있는데, 鼓자는 갑골문에서 이 세 가지 자형이 모두 나타나고 있다. 나중에 支( )를 편방으로 하는 자형이 후대로 이어지면서 지금의 鼓자가 되었다.

활용단어

고취(鼓吹)	고무(鼓舞)	고막(鼓膜)
신문고(申聞鼓)	자명고(自鳴鼓)	고복격양(鼓腹擊壤)

❑ 共(함께 공; 八 - 총 6획; gòng)

甲骨文	金文	戰國文字	小篆	隸書	楷書

자원해설

共의 금문을 보면 廿(스물 입)과 廾(두 손으로 받들 공)으로 구성되었음을 알 수 있다. 廿은 十(열 십)자 두 개를 합친 글자로 공동(共同)의 뜻을 나타낸다. 廾은 두 손을 본뜬 글자로서, 이 또한 '함께'라는 의미적 작용을 일으킴과 동시에 소리부호의 역할을 한다. '함께', '공동' 등의 의미가 확대되면서 拱(두 손 맞잡을 공), 供(이바지할 공), 恭(공손할 공) 등의 글자들이 분화되어 탄생하였다.

활용단어

공동체(共同體) 공조(共助) 공감(共感)
공화국(共和國) 공통점(共通點) 천인공노(天人共怒)

❑ 寡(적을 과; 宀 - 총 14획; guǎ)

甲骨文	金文	戰國文字	小篆	隸書	楷書

자원해설

宀(집 면)과 頁(머리 혈)로 이루어진 회의자이다. 집안에 사람이 홀로 있다는 것에 착안하여 만들어진 글자로, 본래 의미는 '독거하다', '배우자를 잃다'이다. 여기서 의미가 인신되어 '고독하다', '결핍되다', '적다' 등의 의미가 나왔다.

활용단어

과인(寡人) 과부(寡婦) 과묵(寡默)
독과점(獨寡占) 환과고독(鰥寡孤獨)
청심과욕(淸心寡慾)

❑ 貫(꿸 관; 貝 - 총 11획; guàn)

甲骨文	金文	戰國文字	小篆	隸書	楷書

자원해설

고대에 화폐로 사용되었던 조개를 엮은 조개꾸러미를 본뜬 상형자이다. 옛날에는 조개들을 끈으로 엮은 한 꾸러미를 화폐단위로 삼았는데, 후대에 엽전(葉錢)을 끈으로 엮은 것을 일관(一貫)이라 하였고 이는 천전(千錢)에 해당하였다(『사기(史記) · 화식열전(貨殖列傳)』). 따라서 貫자의 본래 의미는 꿰어 만든 조개꾸러미로서, 여기서 '꿰다', '뚫다', '통과하다'는 의미가 인신되어 나왔고, 조개꾸러미 자체를 가지고 화폐단위 貫을 나타내기도 하였다. 금문에 보면 貫을 편방(偏旁)으로 하는 實자가 보이는데, 實()자를 통하여 금문 단계부터 貫자의 상단 편방인 조개(貝)가 '毌'의 모양으로 변형되었음을 알 수 있다.

활용단어

관철(貫徹)　관통(貫通)　관록(貫祿)
일관성(一貫性)　시종일관(始終一貫)　일이관지(一以貫之)

❑ 具(갖출 구; 八 - 총 8획; jù)

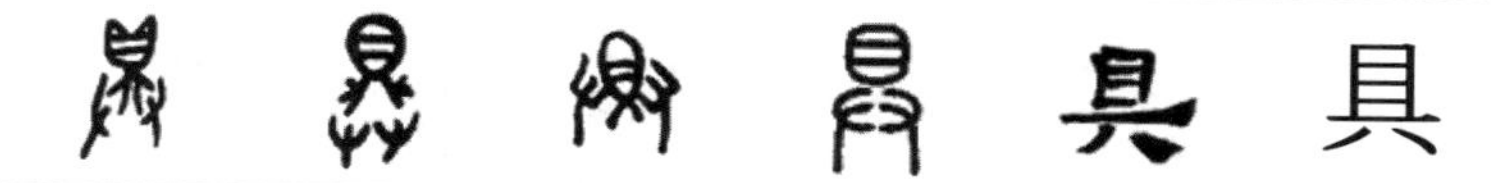

甲骨文	金文	戰國文字	小篆	隸書	楷書

자원해설

두 손으로 솥(鼎)을 들고 있는 모양을 본뜬 글자이다. 鼎(솥 정)은 음식을 조리하는데 쓰는 기물이므로 두 손으로 준비한 음식을 놓는 모양을 통하여 '음식을 차려 제공하다'는 뜻을 나타냈고, 여기서 의미가 인신되어 '준비하다', '구비하다', '갖추다', '도구' 등의 의미가 생성되었다. 鼎자는 고문자 단계에서 보통 貝자와 혼동으로 인하여 와변되는데, 貞(곧을 정), 圓(둥글 원) 등이 鼎이 변하여 貝가 된 예이다. 具자 역시 鼎이 貝의 모양과 유사하기 때문에, 와변되어 지금의 具자가 되었다.

활용단어

구비(具備) 구현(具現) 구체화(具體化)
도구(道具) 기구(器具) 완구(玩具)

❑ 區(지경 구; 匸 - 총 11획; qū)

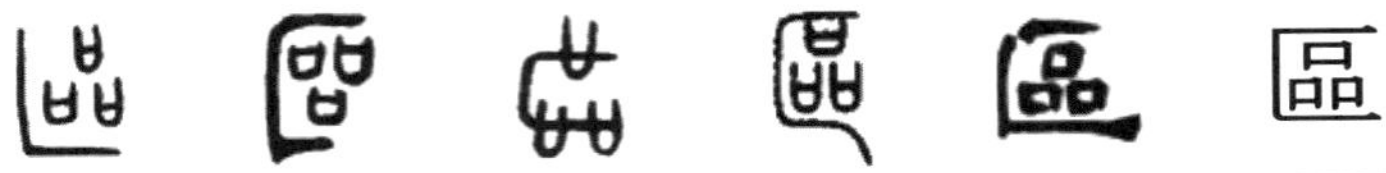

甲骨文	金文	戰國文字	小篆	隸書	楷書

자원해설

品(물건 품)과 그것이 들어갈 수 있는 부호 ㄴ으로 이루어진 글자로 본래 의미는 '은닉하다' 또는 '숨기다'이다. 品은 갑골문부터 지금 해서체의 자형까지 모두 세 개의 口(입 구)로 구성된 글자이다. 品의 본래 의미는 '많다'인데, 사람의 입 세 개를 합쳐 '사람이 많다'는 뜻을 나타냈을 수도 있고, 단순 구별부호 세 개를 합쳐 추상적인 '많음'을 나타냈을 수도 있다. 區는 이러한 '많은 것'을 뜻하는 品에, 보관하는 공간을 나타내는 ㄴ을 더하여 '은닉하다', '숨기다'는 뜻을 나타냈다. '저장하는 공간'이라는 의미가 인신되어 '구역', '구획', '구분하다' 등의 의미(漢나라 때부터 출현)가 생성되었다.

활용단어

구역(區域)	구별(區別)	구간(區間)
구분(區分)	구획(區劃)	구청(區廳)

❏ 國(나라 국; 口 - 총 11획; guó) 或(혹 혹; 戈 - 총 8획; huò)

甲骨文	金文	戰國文字	小篆	隸書	楷書

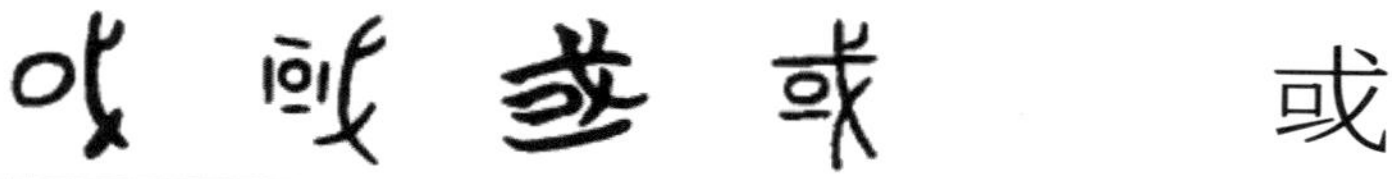

甲骨文	金文	戰國文字	小篆	隸書	楷書

자원해설

國은 或에서 분화되어 나온 글자이다. 或은 특정구역을 의미하는 과 그 구역을 지키는 무기 (柲)로 이루어진 회의자이다. 본래 의미는 구역(區域)이며, 가차되어 '혹시', '또는' 등의 의미로 쓰이자, 본래 의미를 강조하기 위하여 土(흙 토)를 추가하여 域(지경 역)자가 만들어졌다. '구역'이라는 의미가 다시 '나라'라는 의미로 인신되자 或자에 囗('圍'의 古字)를 추가하여 國자가 만들어졌다. 따라서 或은 본래 의미가 아닌, 가차한 단어 {或}만을 나타내게 되었고, '혹시'라는 의미가 인신되어 '미혹하다'는 뜻으로 쓰이자 心자를 추가하여 惑(미혹할 혹)자가 만들어졌다.

활용단어

국제(國際)	국정(國政)	국익(國益)	국보(國寶)
국방(國防)	국세청(國稅廳)	혹시(或是)	혹여(或如)
혹자(或者)	간혹(間或)		

❑ 及(미칠 급; 又 - 총 4획; jí)

甲骨文 金文 戰國文字 小篆 隸書 楷書

자원해설

사람을 뒤에서 쫓아가 붙잡는 모습을 본뜬 상형식 회의자이다. 及의 본래 의미는 '쫓아가다'였는데, 인신되어 '도달하다', '미치다' 등의 의미를 나타냈다.

활용단어

급제(及第) 소급(遡及) 보급(普及)
언급(言及) 가급적(可及的) 과유불급(過猶不及)

❑ 旣(이미 기; 旡 - 총 11획; jì)

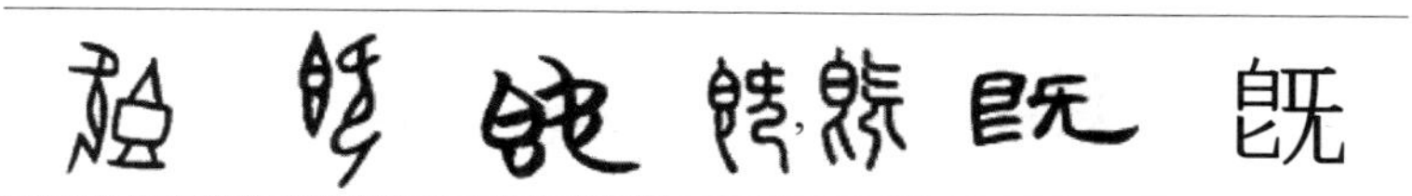

甲骨文	金文	戰國文字	小篆	隸書	楷書

자원해설

무릎을 꿇고 앉아있는 사람이 몸은 밥그릇을 향하고 있지만, 입은 뒤로 돌리고 있는 모습을 본뜬 상형식 회의자이다. 식사를 다 끝내서 더 이상 먹지 않는다는 의미를 담았는데, 이 자형을 통하여 '끝내다'는 뜻을 나타냈다. '끝마치다'는 의미가 인신되어 부사 '이미'가 나왔다.

활용단어

기존(旣存)　　기성(旣成)　　기득권(旣得權)
기정(旣定)　　기왕(旣往)　　기시감(旣視感)

❑ 棄(버릴 기; 木 - 총 12획; qì)

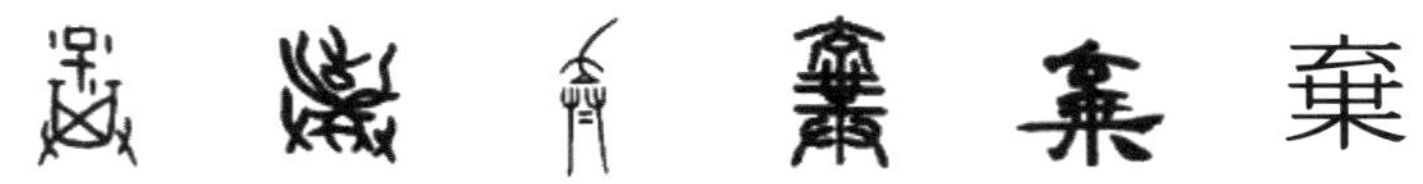

甲骨文	金文	戰國文字	小篆	隸書	楷書

자원해설

두 손으로 죽은 영아를 키에 담아서 버리는 모습을 본뜬 글자로, 其가 소리부호의 역할을 겸하고 있으므로 상형식 회의겸형성자라고 할 수 있다. 子가 금문 단계부터 뒤집어졌고, 其가 소전단계에서 畢의 형태로 변형되었다. 두 손을 상형한 𠬞이 필획으로 생략되면서 지금의 棄자가 되었다.

활용단어

기각(棄却) 기권(棄權) 포기(抛棄)
폐기(廢棄) 파기(破棄) 자포자기(自暴自棄)

❏ 器(그릇 기; 口 - 총 16획; qì)

甲骨文	金文	戰國文字	小篆	隸書	楷書

자원해설

口 네 개와 犬(개 견)으로 이루어진 회의자이다. 品이 세 개의 口(입 구)로 구성되어 추상적인 '많음'을 나타냈듯이 㗊를 통하여 '많은 것'을 나타내었고, 犬(개 견)은 이것들을 지킨다는 의미로 들어갔을 것이다. 따라서 개가 많은 물건들을 도적으로부터 보호하는 모습을 통하여 중요한 기물(器物)의 의미를 담았다.

활용단어

기물(器物)	기구(器具)	기관(器官)
무기(武器)	소화기(消火器)	악기(樂器)

❑ 男(사내 남; 田 - 총 7획; nán)

甲骨文	金文	戰國文字	小篆	隸書	楷書

자원해설

田(밭 전)과 力(힘 력)으로 이루어진 회의자이다. 力은 본래 쟁기를 본뜬 글자로 耒(쟁기 뢰)자에서 분화된 글자이다. 따라서 쟁기를 가지고 밭에서 힘써 일한다는 것으로 남성을 나타냈다.

활용단어

남매(男妹)　남편(男便)　남작(男爵)
남장(男裝)　처남(妻男)

□ 年(해 년; 干 - 총 6획; nián)

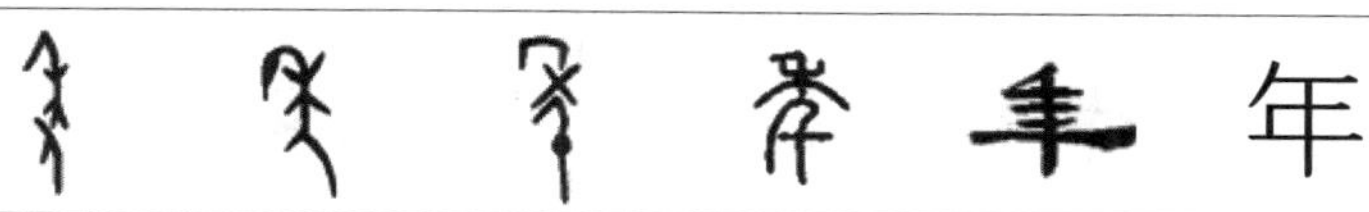

甲骨文	金文	戰國文字	小篆	隸書	楷書

자원해설

사람이 잘 익은 곡식을 등에 지고 있는 모습을 본뜬 상형식 회의 겸형성자이다. 고대중국어에서 人과 年은 발음이 유사하였다. 전국문자 단계부터 人에 점 하나가 더해지면서 千으로 변형되는데, 이는 千의 발음이 年과 더욱 유사하기 때문으로, 자형을 변형시켜 더욱 완전한 소리부호로 만드는 과정이라고 할 수 있다. 年의 본래의미는 '수확하다', '풍년이 들다'인데, 인신되어 '해를 세는 단위'가 되었다.

활용단어

연령(年齡)	연초(年初)	연말연시(年末年始)
연세(年歲)	풍년(豊年)	권불십년(權不十年)

❑ 奴(종 노; 女 - 총 5획; nú)

甲骨文	金文	戰國文字	小篆	隸書	楷書

자원해설

여자(女)를 손(又)으로 억압하고 있는 모양을 본뜬 상형식 회의자이다. 처음에는 남녀를 구분하지 않고 일반적인 노예를 가리켰으나, 나중에는 사내종만을 일컬어 奴라고 하였다. 여자종은 婢(여자종 비)라고 한다.

활용단어

노예(奴隸)   노비(奴婢)   매국노(賣國奴)

❑ 農(농사 농; 辰 - 총 13획; nóng)

甲骨文	金文	戰國文字	小篆	隸書	楷書

자원해설

손으로 농기구(辰)를 잡고 잡초를 베는 모양을 본뜬 상형식 회의자이다. 금문 단계에서 田(밭 전)자가 의미부호로 추가되었고, 艸(풀 초)는 (손)모양으로 와변(訛變)되었다. 소전단계에서 田이 囟으로 와변(訛變)되고, 지금의 農자가 되었다. 耨(김맬 누)자도 農자에서 분화된 글자인데, 고대중국어에서 耨와 農은 발음이 유사하였다.

활용단어

농경(農耕) 농촌(農村) 농원(農園)
귀농(歸農) 영농(營農)

❑ 段(구분 단; 殳 - 총 9획; duàn)

甲骨文	金文	戰國文字	小篆	隸書	楷書

자원해설

망치 같은 도구를 들고 돌을 치는 모습을 본뜬 상형식 회의자이다. 왼쪽 厂은 石(돌 석)자의 생략형으로, 두 개의 점은 장식성 필획이다. 본래 의미는 '치다', '두드리다'인데, 의미가 인신되어 '절단하다', '끊다'는 뜻이 나왔고, 여기서 다시 '부분', '단편(斷片)' 등의 의미로 인신되었다. 그리고 쇠붙이를 달군 후 때려서 단단하게 만드는 것을 단련(鍛鍊)이라 하는데, 이것이 段자의 본래 의미이고, 이를 강조하기 위해 金자를 더하여 鍛(쇠 불릴 단)자가 후기자로 만들어졌다.

활용단어

단계(段階) 단락(段落) 단수(段數)
수단(手段) 문단(文段) 특단(特段)

❑ 得(얻을 득; 彳 - 총 11획; dé)

甲骨文	金文	戰國文字	小篆	隸書	楷書

자원해설

손으로 조개를 잡고 있는 모습을 본뜬 회의식 상형자이다. 고대에 조개는 화폐로 사용되었기 때문에, 진귀한 재물을 획득하였다는 의미를 담아냈다. 길에서 재물을 얻었으므로 彳자가 추가되었고, 貝는 日로 생략되어 변형되었으며, 손을 나타내는 又는 寸으로 와변되었다.

활용단어

득의(得意) 득세(得勢) 득음(得音)

획득(獲得) 취득(取得) 일거양득(一擧兩得)

❑ 登(오를 등; 癶 - 총 12획; dēng)

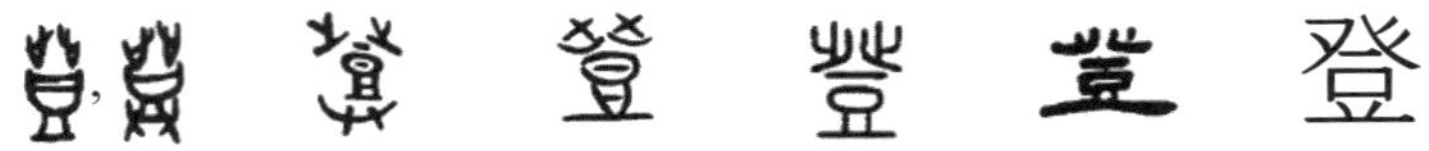

甲骨文	金文	戰國文字	小篆	隸書	楷書

자원해설

제사용 그릇인 豆를 들고 제단에 오르는 모양을 본뜬 회의식 상형자이다. 두 손이 전국문자 단계부터 생략되어 지금의 登자가 되었다.

활용단어

등장(登場) 등록(登錄) 등재(登載)
등극(登極) 등단(登壇) 등고자비(登高自卑)

❑ 亂(어지러울 란{난}; 乙 - 총 13획; luàn)

甲骨文	金文	戰國文字	小篆	隷書	楷書

자원해설

두 손으로 복잡하게 엉킨 실 덩어리를 정리하는 모습을 본뜬 회의식 상형자이다. 전국문자 단계에서 어떤 의미인지 모르지만 乙(새 을)자가 추가되면서 지금의 亂자가 되었다. 亂의 본래 의미는 '정리하다', '다스리다'인데, 정반대로 '어지럽다', '어지럽히다' 등의 의미로도 쓰인다. 이처럼 정반대의 의미를 동시에 나타내는 글자를 반훈문자(反訓文字)라고 하며, 그 예로 逆(거스르다/맞이하다), 離(떠나다/만나다) 등이 있다.

활용단어

난리(亂離) 난무(亂舞) 난사(亂射)
혼란(混亂) 요란(擾亂) 일사불란(一絲不亂)

❑ 旅(군사 려{여}; 方 - 총 10획; lǚ)

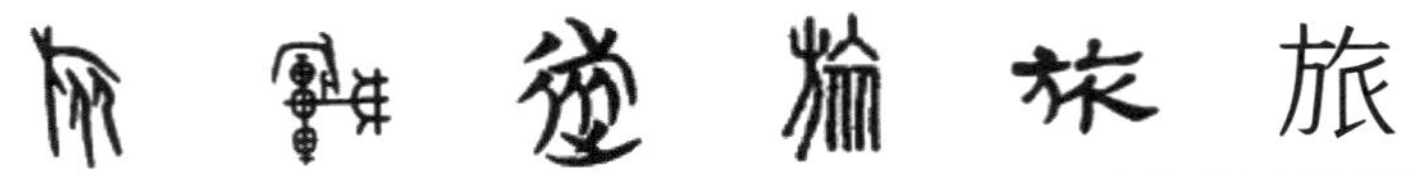

甲骨文 金文 戰國文字 小篆 隸書 楷書

자원해설

군대 무리가 깃발을 들고 행군하는 모양을 본뜬 회의식 상형자로, 본래 의미는 '군대가 출행(出行)하다', '군대의 단위'이다. '군대가 출행하다'는 의미가 인신되어 '여행하다', '나그네' 등의 의미가 나왔다.

활용단어

여행(旅行) 여단(旅團) 여권(旅券)
여관(旅館) 여정(旅程) 군려(軍旅)

❑ 聯(잇달 련{연}; 耳 - 총 17획; lián)

甲骨文	金文	戰國文字	小篆	隸書	楷書

자원해설

耳(귀 이)와 絲(실 사)로 구성된 회의자이다. 귀(耳)는 뺨에 붙어 있다는 의미를 나타내고, 실(絲)은 단절되지 않고 이어진다는 의미를 나타낸다.

활용단어

연관(聯關)	연합(聯合)	연방(聯邦)
연락(聯絡)	연상(聯想)	연맹(聯盟)

❑ 令(영 령{영}; 人 - 총 5획; lìng) 命(목숨 명; 口 - 총 8획; mìng)

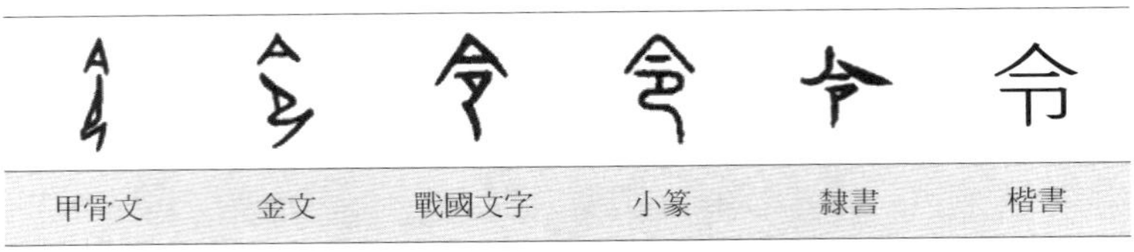

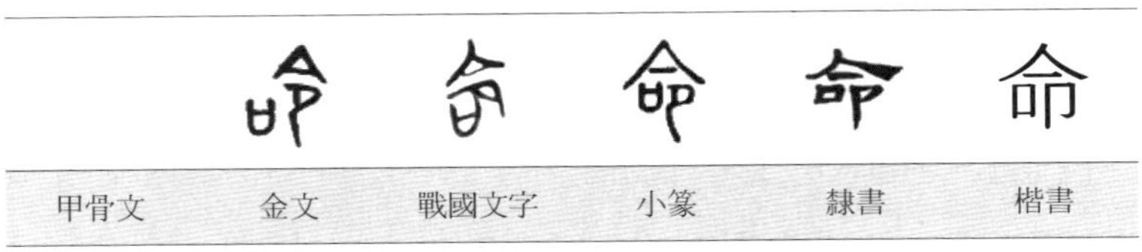

자원해설

令과 命은 같은 글자에서 분화되었다. 무릎을 꿇고 있는 사람 위에 명령하는 입(口)을 본뜬 회의식 상형자로, '명령하다'는 뜻을 나타내었다. 命은 令자에 명령하는 입을 한 번 더 강조하기 위해 口를 추가하여 命자가 되었다. 하늘의 명령을 천명(天命)이라 하였는데, 여기서 인신된 의미가 명운(命運)이며, 생명(生命), 수명(壽命)의 의미가 생성되었다.

활용단어

영장(令狀) 명령(命令) 사령관(司令官)
법령(法令) 전령(傳令) 교언영색(巧言令色)
명제(命題) 명맥(命脈) 운명(運命)
임명(任命) 혁명(革命) 진인사대천명(盡人事待天命)

❑ 雷(우레 뢰{뇌}; 雨 - 총 13획; léi)

甲骨文	金文	戰國文字	小篆	隸書	楷書

자원해설

은 번개를 본뜬 申(電)과 수레바퀴를 나타내는 ⊛을 더하여 만든 상형식 회의자이다. 수레바퀴가 굴러가는 소리가 크고 시끄럽기 때문에 雷자의 구성요소로 들어갈 수 있었다. 금문 단계에서 의미부호로 雨자가 추가되고, 수레바퀴가 하나로 간화되면서 지금의 雷자가 되었다.

활용단어

뇌성(雷聲)	뇌우(雷雨)	뇌관(雷管)
어뢰(魚雷)	낙뢰(落雷)	지뢰(地雷)

❑ 利(날카로울 리{이}; 刀 - 총 7획; lì)

甲骨文	金文	戰國文字	小篆	隸書	楷書

자원해설

칼(刀)로 벼(禾)를 베는 모양을 본뜬 상형식 회의자이다. 갑골문 자형 중에 은 刀가 아닌 勿자가 들어가 있는데, 勿의 본래 의미는 '칼로 베다'는 뜻이었다. 가차되어 부정사(不定詞)로 쓰이자, 본래 의미를 강조하기 위해 刎(목 벨 문)자가 만들어졌다. 禾와 勿로 구성된 자형이 전국문자 단계까지 이어지다가, 소전단계부터 刀자로 교체되어 지금의 利자가 되었다. 利의 본래 의미는 '날카롭다', '예리하다'인데, 인신되어 '순리(順利)'라는 뜻이 나왔고, 다시 인신되어 '유익하다', '이롭다'는 뜻이 나왔다.

활용단어

이익(利益) 이해(利害) 이윤(利潤)
권리(權利) 승리(勝利) 견리사의(見利思義)

❑ 吏(벼슬아치 리{이}; 口 - 총 6획; lì) 史(역사 사; 口 - 총 5획; shǐ)
事(일 사; 亅 - 총 8획; shì)

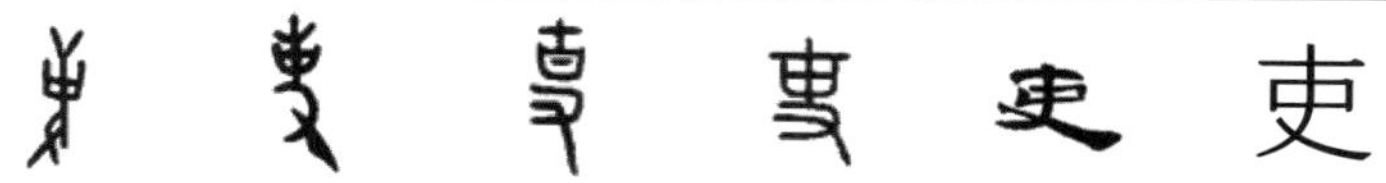

甲骨文	金文	戰國文字	小篆	隷書	楷書

甲骨文	金文	戰國文字	小篆	隷書	楷書

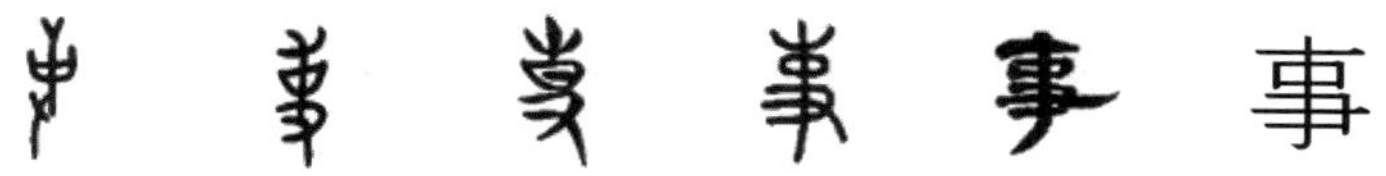

甲骨文	金文	戰國文字	小篆	隷書	楷書

자원해설

吏, 史, 事 세 글자는 모두 같은 글자에서 기원하여 각기 분화되었다. 본래 손으로 사냥도구를 들고 있는 모습을 본뜬 상형식 회의자로, 본의(本義)는 '일을 처리하다', '일을 집행하다'이다. 여기서 의미가 인신되어, 일을 처리하는 '관리(官吏)', 다른 사람에게 일을 시키는 의미의 '부리다(使)', 일을 기록하는 '사관(史官), 집행해야 하거나 종사해야 할 '일(事)' 등의 의미가 생성되었다. 글자 자형은 와 에서 官吏의 의미는 吏로 변형된 글자가 담당하였고, 기록하는 史官의 의미는 史로 변형된 글자가 담당하였으며, 집행해야할 '일'의 의미는 事로 변형된 글자가 담당하였다. 일을 시키는 의미는 史에 사람을 뜻하는 人자를 추

가하여 使자가 담당하도록 하였다.

활용단어

관리(官吏) 옥리(獄吏) 탐관오리(貪官汚吏)
사료(史料) 사적(史籍) 사실(史實)
사태(事態) 사안(事案) 실사구시(實事求是)

❑ 臨(임할 림{임}; 臣 - 총 17획; lín)

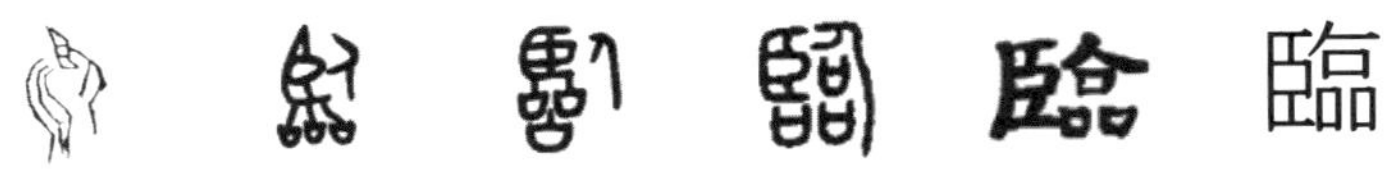

甲骨文	金文	戰國文字	小篆	隸書	楷書

자원해설

물가에 나아간 사람이 아래의 흐르는 물을 쳐다보는 모습을 본뜬 상형식 회의자이다. 본래 의미는 '위에서 아래를 내려다보다'인데, 인신되어 '대면하다', '윗사람이 아랫사람에게 나아가다' 등의 의미가 나왔다. 금문 단계부터 口자 세 개를 합친 品자가 추가되는데, 이는 소리부호로써 추가된 것이며, 아래를 보는 눈을 본뜬 臣과 人이 분리되면서 지금의 臨자가 되었다.

활용단어

임상(臨床) 임종(臨終) 임시(臨時)
강림(降臨) 군림(君臨)

❑ 莫(없을 막; 艸 - 총 11획; mò)

甲骨文	金文	戰國文字	小篆	隸書	楷書

자원해설

해가 나무 사이로 지는 모습을 본뜬 상형식 회의자이다. 林(수풀 림)은 艸(풀 초)와 서로 교체할 수 있는 편방이므로 금문 단계에서 艸로 교체되었고, 아래의 艸가 大자 모양으로 와변(訛變)되어 지금의 莫자가 되었다. 본래 의미는 '날이 저물다'인데, 가차되어 부정사(不定詞)로 쓰이자, 본래 의미를 강조하기 위해 日자를 추가하여 暮(저물 모)자가 후기자로 만들어졌다.

활용단어

막대(莫大) 막강(莫强) 막중(莫重)
막역(莫逆) 삭막(索莫) 막무가내(莫無可奈)

❑ 買(살 매; 貝 - 총 12획; mǎi) 賣(팔 매; 貝 - 총 15획; mài)

甲骨文	金文	戰國文字	小篆	隸書	楷書

甲骨文	金文	戰國文字	小篆	隸書	楷書

자원해설

고대에 화폐였던 조개를 그물에 담은 모습을 본뜬 회의식 상형자이다. 買는 초기에 상품을 교역하는 행위를 나타냈고, '사다(買)', '팔다(賣)' 두 가지 의미를 동시에 가지고 있었다. 나중에 글자를 분화시키면서 買는 상품을 구입하는 행위만을 나타내게 되었다. 상품을 판매하는 행위는, 買자에 의미부호인 出(날 출)자를 더하여 만든 賣자가 담당하였고, 出의 형체가 士로 간화되면서 지금의 賣자가 되었다.

활용단어

매입(買入) 구매(購買) 예매(豫買)
매각(賣却) 매물(賣物) 매진(賣盡)

❑ 牧(칠 목; 牛 - 총 8획; mù)

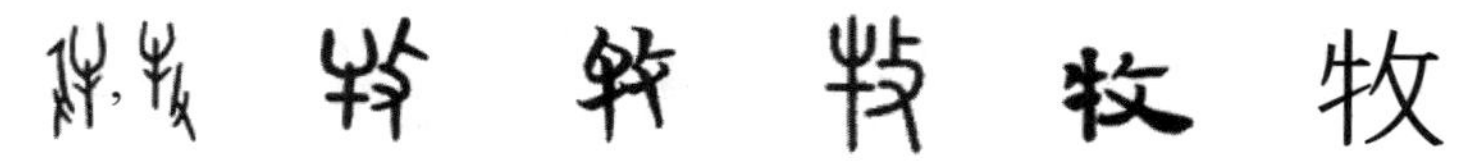

甲骨文	金文	戰國文字	小篆	隸書	楷書

자원해설

牛(소 우), 그리고 손과 관련된 동작을 나타내는 의미부호 攵(칠 복)으로 이루어진 회의자이다. 攵은 손으로 막대를 들고 있는 모양으로, 은 막대를 들고 소를 치는 모습을 형상화한 것이므로 상형식 회의자라고 할 수 있겠다.

활용단어

목축(牧畜) 목동(牧童) 목장(牧場)
유목(遊牧) 방목(放牧) 목민지관(牧民之官)

❑ 夢(꿈 몽; 夕 - 총 14획; mèng)

甲骨文	金文	戰國文字	小篆	隸書	楷書

자원해설

사람이 침대에 누워 잠을 자는 모습을 본뜬 상형식 회의자이다. 주목할 부분은 눈을 뜨고 있다는 것인데, 잠이 들어 무의식 속에 있는 사람이 꿈을 꾼다는 것을 눈을 강조함으로써 표현한 듯하다. 『설문해자(說文解字)』에 보면 㝱자와 夢자가 수록되어 있다. 원문을 보면 "㝱은 잠이 들었으나 지각이 있는 것이다(㝱, 寐而有覺也)."라고 하였고, "夢은 어둡다는 뜻이다(夢, 不明也)."라고 하였다. 의 침대가 전국문자 단계에서 생략되었다가, 소전단계에서 다시 추가되고, 의미부호 宀(집 면)이 더해지면서 㝱자가 되었다. 夢은 의미부호 夕(저녁 석)을 더하여 만든 글자로, 본래 의미는 '어둡다'인데, 나중에 㝱자가 도태되고 夢자가 '꿈'의 의미를 나타내게 되었다.

활용단어

몽유증(夢遊症) 몽상(夢想) 악몽(惡夢)
해몽(解夢) 태몽(胎夢) 호접지몽(胡蝶之夢)

❑ 武(굳셀 무; 止 - 총 8획; wǔ)

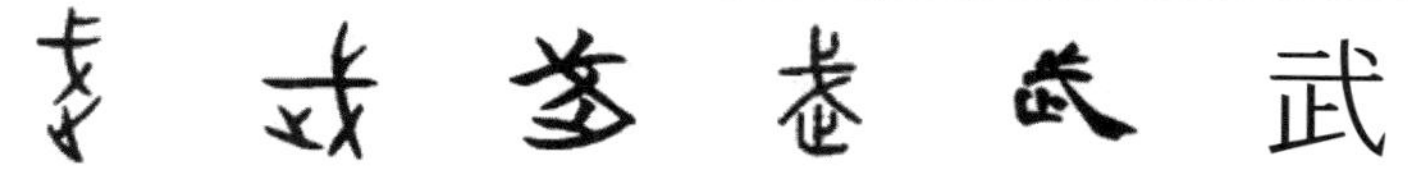

甲骨文	金文	戰國文字	小篆	隸書	楷書

자원해설

의미부호 戈(창 과), 의미부호 止(발 지)로 이루어진 상형식 회의자이다. 본래 의미는 '군대의 위용(威容)'이며, 창을 들고 발로 나아간다는 의미를 표현한 것이다. 『설문해자(說文解字)』는 초나라 장왕(莊王)의 말에 근거하여 싸움(戈)을 그치는 것(止)이라는 해석을 하였다. 『좌전(左傳)』에 보면 "전쟁을 그치는 것이 武이다(止戈爲武)."라는 기록이 있는데, 설문해자의 저자인 허신은 이 말을 참고한 듯하다. 갑골문 자형을 볼 때, 止가 '가다'는 뜻을 가지고 있으므로 '창을 들고 발로 나아가다'로 해석해야 실제 조자의도(造字意圖)에 부합할 것이다.

활용단어

무기(武器) 무장(武裝) 무관(武官)
무예(武藝) 문무(文武) 무릉도원(武陵桃源)

❑ 反(되돌릴 반; 又 - 총 4획; fǎn)

甲骨文 金文 戰國文字 小篆 隸書 楷書

자원해설

손으로 암벽을 잡고 있는 모습을 본뜬 상형식 회의자이다. 본래의미는 '무엇을 붙잡고 오르다'이며, 가차하여 '뒤엎다', '되돌리다' 등으로 쓰이자 본래 의미를 구별하여 나타내기 위해 扳(오르려고 잡아당길 반)자와 攀(무엇을 잡고 오를 반)자를 만들었다.

활용단어

반박(反駁) 반성(反省) 반응(反應)
반발(反撥) 반격(反擊) 적반하장(賊反荷杖)

❑ 般(돌 반; 舟 - 총 10획; bān) 盤(소반 반; 皿 - 총 15획; pán)

甲骨文	金文	戰國文字	小篆	隸書	楷書

甲骨文	金文	戰國文字	小篆	隸書	楷書

자원해설

般은 본래 凡(무릇 범)과 殳(창 수)로 구성된 회의자이다. 凡자는 본래 세워 놓은 쟁반을 본뜬 상형자로 凡의 갑골문은 이다. 은 손으로 도구를 잡고 쟁반을 돌려가며 두드려서 쟁반의 모양을 형성해나가는 모습을 본뜬 것인데, '돌다', '회전하다'는 의미는 아마도 여기서 취한 듯하다. 般이라는 글자 자체에 쟁반의 의미가 있었는데, 금문 단계에서 의미부호인 皿(그릇 명)자를 더하여 盤(소반 반)자가 분화되어 만들어졌다. 般자의 편방이었던 (凡)자는 금문 단계에서 모양이 유사한 舟(배 주)자로 와변(訛變)되면서 지금의 般자가 되었다.

활용단어

일반(一般)	전반(全般)	제반(諸般)
별반(別般)	반야(般若)	피차일반(彼此一般)
반석(盤石)	반고(盤古)	기반(基盤)
음반(音盤)	초반(初盤)	나침반(羅針盤)

❑ 牽(끌 견; 牛 - 총 11획; qiān)

甲骨文	金文	戰國文字	小篆	隸書	楷書

자원해설

금문을 보면 人(사람), 自(코), 牛(소)로 구성되어 '사람이 소의 코를 끌어 당기다'는 의미를 나타냈음을 알 수 있다. 人자의 위치가 글자의 상단으로 바뀌고, 自자가 와변(訛變)되면서 소리부호인 玄(검을 현)자로 변형되었다.

활용단어

견제(牽制)　견인차(牽引車)　견우(牽牛)
견강부회(牽强附會)

❑ 去(갈 거; 厶 - 총 5획; qù)

甲骨文	金文	戰國文字	小篆	隸書	楷書

자원해설

去에 대한 자원은 두 가지가 있다. 하나는 大와 口로 구성되어 크게(大) 벌린 입(口)을 나타낸 것으로, 이에 대한 후기자(後起字)로 呿(입 벌릴 거)자가 나왔다. '떠나다', '제거하다', '가다'는 뜻의 {去}를 나타낸 것은 가차된 것이다. 다른 하나는 그릇 위에 덮개가 있는 모양으로, 이에 대한 후기자로 盍(덮을 합)자가 나왔다. 이러한 去를 소리부호로 삼은 글자들은 怯(겁낼 겁), 劫(위협할 겁), 匧(닫을 갑) 등이 있다.

활용단어

과거(過去)	제거(除去)	거래(去來)
거취(去就)	서거(逝去)	거세(去勢)

❑ 季(끝 계; 子 - 총 8획; jì)

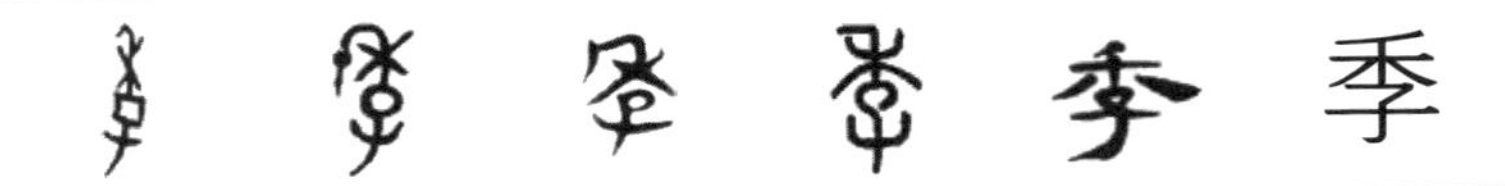

甲骨文	金文	戰國文字	小篆	隸書	楷書

자원해설

禾(벼 화)와 子(아들 자)로 이루어진 회의자이다. 벼가 어리다는 것에서 '나이가 적다', '가장 어린 막내' 등의 의미를 담았다. 형제의 차례를 나타내는 말인 백중숙계(伯仲叔季)의 마지막이 季인 것은 이러한 의미에서 나온 것이다. 또한 1년을 3개월로 나누어 4계절이 형성되는데, 매 계절을 季라고 불렀기 때문에 계절(季節)이라는 단어가 만들어졌다.

활용단어

계절(季節) 계간(季刊) 계모(季母)
백중숙계(伯仲叔季) 계포일낙(季布一諾)

❑ 樂(즐길 락{풍류 악, 좋아할 요}; 木 - 총 15획; lè, yào, yuè)

甲骨文	金文	戰國文字	小篆	隷書	楷書

자원해설

현악기의 줄이 나무에 달려있는 것을 본뜬 회의식 상형자이다. 금문 단계에서 추가된 白은 소리부호로, 고대중국어에서 白과 樂은 발음이 유사하였다. 즉 樂은 현악기를 본뜬 글자로 본래 의미가 '음악'이고, 인신되어 '즐겁다', '좋아하다' 등의 의미가 생성되었다.

활용단어

낙원(樂園)　　낙관(樂觀)　　악곡(樂曲)
악상(樂想)　　오락(娛樂)
인자요산지자요수(仁者樂山知者樂水)

❏ 敦(도타울 돈; 攴 - 총 12획; dūn)

甲骨文	金文	戰國文字	小篆	隸書	楷書

자원해설

敦은 享(누릴 향)에서 분화된 글자이다. 享()은 亯(제사지낼 향)과 羊(양 양)으로 이뤄진 글자로 '제사 지내다'는 뜻을 나타냈었다. 가차되어 '치다', '정벌하다'는 뜻으로 쓰이자 손의 행위를 나타내는 부호인 攴/攵(칠 복)을 더하여 敦자가 만들어졌다. 敦의 본래 의미는 '치다', '정벌하다'인데, 인신되어 '다스리다', '후덕(厚德)하다' 등의 의미가 생성되었다.

활용단어

돈독(敦篤) 돈후(敦厚) 돈실(敦實)

❑ 豚(돼지 돈; 豕 - 총 11획; tún)

甲骨文	金文	戰國文字	小篆	隸書	楷書

자원해설

의미부호 豕(돼지 시)와 의미부호 肉(고기 육)으로 이뤄진 회의자이며, 본래 의미는 '돼지고기'이다. 豚은 새끼 돼지를 의미하기도 하는데, 이는 나중에 인신된 의미이다. 금문 단계에서 손을 상형한 又가 추가되는데, 그 이유는 아직 확실하지 않다.

활용단어

돈육(豚肉) 양돈(養豚) 강돈(江豚)
하돈(河豚) 해돈(海豚)

❑ 哭(울 곡; 口 - 총 10획; kū)

					哭
甲骨文	金文	戰國文字	小篆	隸書	楷書

자원해설

吅(부르짖을 훤)과 犬(개 견)으로 구성된 회의자이다. 본래 '개가 짖는 소리'를 뜻했으나 의미가 인신되어 '짐승이 울다', '사람이 슬피 울다'는 뜻으로 확대되었다.

활용단어

통곡(痛哭)　귀곡성(鬼哭聲)　방성대곡(放聲大哭)

❑ 名(이름 명; 口 - 총 6획; míng)

甲骨文	金文	戰國文字	小篆	隸書	楷書

자원해설

의미부호 夕(저녁 석)과 의미부호 口(입 구)로 이루어진 회의자이다. 어두운 밤 서로 얼굴을 볼 수 없을 때, 이름을 부름으로써 자기가 누구인지 알리거나, 상대방을 확인한다는 의미를 담았다.

활용단어

명예(名譽) 명칭(名稱) 명성(名聲)
명부(名簿) 익명(匿名) 명불허전(名不虛傳)

❑ 鳴(울 명; 鳥 - 총 14획; míng)

甲骨文	金文	戰國文字	小篆	隸書	楷書

자원해설

의미부호 口(입 구)와 의미부호 鷄(닭 계)로 이루어진 회의자이다. 새벽에 닭이 우는 모습을 착안하여 鷄자를 의미부호로 사용했다가, 의미가 유사한 편방인 鳥(새 조)로 교체하면서 지금의 鳴자가 되었다.

활용단어

비명(悲鳴)　　이명(耳鳴)　　고장난명(孤掌難鳴)

❑ 美(아름다울 미; 羊 - 총 9획; měi)

甲骨文	金文	戰國文字	小篆	隸書	楷書

자원해설

의미부호 羊(양 양)과 의미부호 大(큰 대)로 이루어진 회의자이다. 美의 본래 의미는 '선하다', '좋다'로 고대에 제사 희생물로 자주 쓰이는 양이 실하고 크다는 것을 통하여 이러한 의미를 나타냈다. '아름답다', '예쁘다' 등의 의미는 善하다에서 인신된 것이다.

활용단어

미모(美貌) 미추(美醜) 미관(美觀)
미려(美麗) 찬미(讚美) 미사여구(美辭麗句)

□ 半(반 반; 十 - 총 5획; bàn)

甲骨文	金文	戰國文字	小篆	隸書	楷書

자원해설

牛(소 우)와 八(여덟 팔/나눌 분)로 구성된 회의자이다. 八은 分의 본자(本字)로 본래 의미가 '나누다'인데, 숫자 8이라는 의미로 가차되어 사용된 글자이다. 半의 의미부호로 들어가 있는 八은 '나누다'는 의미를 나타내고 있다. 따라서 半은 큰 소를 반으로 나눈다는 의미를 牛와 八을 결합하여 표현해 낸 글자라고 할 수 있다. 전국문자 단계에서 출현하는 은 八과 斗로 구성된 글자인데, 용량의 단위를 나타내는 斗(말 두)자를 의미부호로 사용한 일종의 이체자(異體字)라고 할 수 있다. 자는 전국시기에만 사용되다가 도태되어, 牛를 편방으로 하는 半자만 사용하게 되었다.

활용단어

반도(半島) 반절(半切) 반구(半球)
반숙(半熟) 절반(折半) 과반수(過半數)

❑ 寧(편안할 녕{영}; 宀 - 총 14획; níng)

甲骨文 金文 戰國文字 小篆 隷書 楷書

자원해설

갑골문은 皿(피 혈)과 丂(공교할 교)로 이루어진 甹(그칠 정)자이며, 갑골문에서의 용법은 '멈추다', '고요하다', '평정(平靜)' 등으로 쓰였다. 왜 皿과 丂로 구성되었는지는 아직 모른다. '평정'이라는 의미가 인신되어 '편안하다'는 뜻이 나오자, 이를 구분하기 위해 宀(집 면)을 더했다. 安(편안할 안)자에 宀(집 면)이 더해진 것이 '실내의 안정감'을 의미하는 것처럼, 寧자도 '고요함', '안정'이라는 의미를 강조하기 위해 宀(집 면)자가 더해진 것이다. 금문 단계에서 심리를 나타내는 부호인 心(마음 심)자가 더해졌고, 丂가 丁으로 변형되면서 지금의 寧자가 되었다.

활용단어

안녕(安寧) 강녕(康寧)

❑ 慶(경사 경; 心 - 총 15획; qìng)

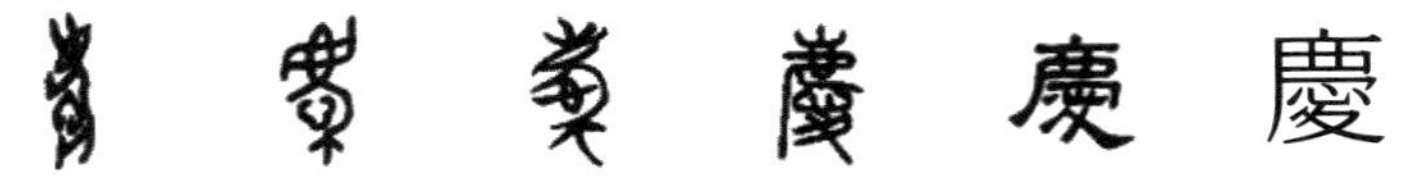

甲骨文	金文	戰國文字	小篆	隸書	楷書

자원해설

갑골문 자형은 心(마음 심)과 廌(해태 치)로 구성되어 있다. 허신(許愼)은 자형의 일부가 鹿(사슴 록)으로 변형된 소전만을 봤기 때문에, 『설문해자(說文解字)』에서 다음과 같이 말하였다. "가서 남을 축하해준다는 뜻이다. 心과 夊가 의미요소로 구성되었다. 축하할 의식이나 행사에는 사슴 가죽을 선물로 삼기 때문에 鹿자의 생략형이 글자에 들어가 있다(行賀人也. 从心, 从夊. 吉禮以鹿皮爲贄, 故鹿省)." 心은 정성스럽게 축하하는 마음을 의미하고, 夊는 걸어간다는 의미를, 鹿의 생략형은 선물로 줄 사슴 가죽을 뜻한다는 해석인데, 慶자에 관한 근현대 고문자학자들의 주장을 살펴봐도 여전히 허신의 해석에서 벗어나지 못하고 있는 실정이다. 가장 오래된 자형인 갑골문을 근거해볼 때, 이러한 해석은 후대 사람들의 상상력에 근거한 주장이며, 정확한 慶자의 근원을 알려면 (心+廌)의 의미결합과 慶자가 가지는 초기의미의 관계를 명쾌히 설명할 수 있는, 보다 많은 고문자 및 고문헌자료가 제시되어야 할 것이다.

활용단어

경축(慶祝)　　국경(國慶)　　경하(慶賀)
경조(慶弔)　　경희(慶熙)　　건양다경(建陽多慶)

❑ 里(마을 리; 里 - 총 7획; lǐ)

甲骨文	金文	戰國文字	小篆	隷書	楷書

자원해설

田(밭 전)과 土(흙 토)로 이루어진 회의자이다. 田과 土로 사람이 거주하는 곳이라는 의미를 나타냈다. 의미가 인신되어 '고향'이라는 뜻이 나왔고, 다시 인신되어 행정구역의 단위인 '里'의 의미가 나왔으며, 다시 인신되어 길이의 단위(里=약 392m)를 나타내게 되었다.

활용단어

이정표(里程標)　　이장(里長)　　향리(鄕里)
천리마(千里馬)　　오리무중(五里霧中)　　일사천리(一瀉千里)

❑ 斷(끊을 단; 斤 - 총 18획; duàn)

甲骨文	金文	戰國文字	小篆	隸書	楷書

자원해설

𢇍(끊을 절)과 斤(도끼 근)으로 이루어진 글자이다. 𢇍은 본래 刀(칼 도)와 絲(실 사)로 구성된 글자로, 絶(끊을 절)자의 본자(本字)인데, 絶과 斷은 고대중국어에서 발음이 유사했다. 따라서 斷은 의미부호와 소리부호를 겸하는 𢇍(절)과 의미부호 斤으로 이루어진 회의겸형성자라고 할 수 있다.

활용단어

단식(斷食)	단죄(斷罪)	단절(斷絶)
결단(決斷)	판단(判斷)	독단(獨斷)

□ 多(많을 다; 夕 - 총 6획; duō)

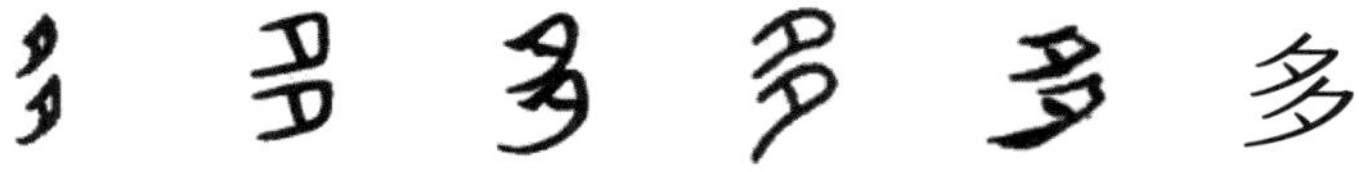

甲骨文	金文	戰國文字	小篆	隸書	楷書

자원해설

고기 덩어리(肉) 두 개를 나란히 놓은 것으로 '많다'는 뜻을 나타냈다. 옛날에는 고기가 흔하지 않았으므로 두 덩어리의 고기로 '많음'을 나타냈던 것이다. 肉자는  의 과정을 거쳐 지금의 肉자가 되었지만, 多는 갑골문 당시의 형체 그대로 유지되어 마치 夕자 두 개를 합친 것과 같은 자형이 되었다.

활용단어

다양(多樣) 다행(多幸) 다복(多福)
다량(多量) 허다(許多) 호사다마(好事多魔)

□ 林(수풀 림{임}; 木 - 총 8획; lín)

甲骨文	金文	戰國文字	小篆	隸書	楷書

자원해설

의미부호 木(나무 목) 두 개를 합쳐 만든 회의자이다. 본래 의미는 나무가 모여 있는 '수풀'이다.

활용단어

임야(林野)　임업(林業)　유림(儒林)
원시림(原始林)　농림(農林)　주지육림(酒池肉林)

□ 鷄(닭 계; 鳥 - 총 21획; jī)

甲骨文	金文	戰國文字	小篆	隷書	楷書

자원해설

초기의 갑골문 자형은 닭을 본뜬 상형자인데, 나중에 奚(어찌 해)를 소리부호로 추가하면서 형성자가 되었다. 소전단계에서 조류라는 의미에서 鳥(새 조) 또는 隹(새 추)를 의미부호로 교체하며 썼는데, 지금은 鳥를 편방으로 하는 鷄자를 정자(正字)로 쓴다.

활용단어

계란(鷄卵) 양계장(養鷄場) 투계(鬪鷄)
오골계(烏骨鷄) 군계일학(群鷄一鶴) 계명구도(鷄鳴狗盜)

❑ 發(쏠 발; 癶 - 총 12획; fā)

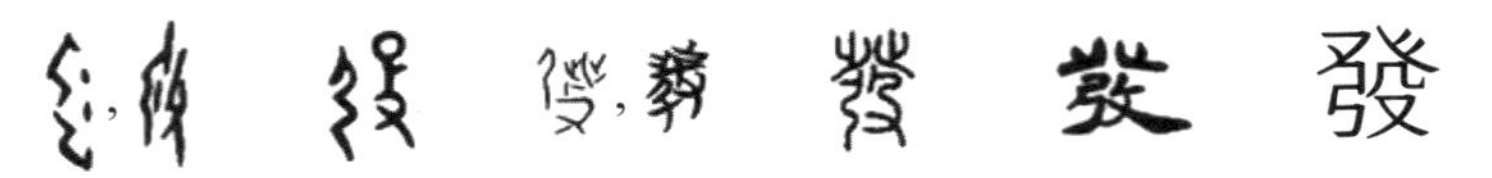

甲骨文	金文	戰國文字	小篆	隸書	楷書

자원해설

發은 본래 화살이 활시위를 떠난 후, 활시위의 떨림을 표현한 상형자이다. 갑골문 의 오른쪽 점들이 활시위의 떨림을 나타냈다. 활을 쏘는 행위는 손으로 하는 것이기 때문에, 손동작을 의미하는 攴(칠 복)자를 더하여 으로 쓰기도 한다. 전국문자 단계부터 추가된 癶(등질 발)은 소리부호로 더해진 것이다. 본래 손으로 막대를 들고 있는 글자인 攴(칠 복)은 고문자단계에서 자주 殳(창 수)와 의미부호로서 통용되므로 소전단계에서부터 攴이 殳로 교체되어 지금의 發자가 되었다. 따라서 發은 초기에 상형자의 형식을 취했으나, 전국문자 단계부터 소리부호(癶)가 추가되면서 형성자로 변모한 글자라고 할 수 있다. 본래 의미는 '쏘다'인데, 인신(引伸)되어 '떠나다', '피다', '밝히다' 등의 의미가 생성되었다.

활용단어

발전(發展)	발휘(發揮)	발달(發達)
발굴(發掘)	도발(挑發)	일촉즉발(一觸卽發)

❑ 聞(들을 문; 耳 - 총 14획; wén)

甲骨文	金文	戰國文字	小篆	隸書	楷書

자원해설

무릎을 꿇은 사람이 손을 귀에 대고 소리를 자세히 듣는 모습을 본뜬 상형자이다. 금문 단계에서 장식성 필획이 더해지고, 귀를 상형한 耳자가 떨어져 나왔다. 전국문자 단계부터는 사람의 형상을 탈락시키고, 소리부호인 門자를 추가하여 순수한 형성자가 되게 하였다.

활용단어

신문(新聞)	추문(醜聞)	풍문(風聞)
미문(未聞)	청문회(聽聞會)	백문불여일견(百聞不如一見)

❑ 度(법도 도, 헤아릴 탁; 广 - 총 9획; dù)

甲骨文	金文	戰國文字	小篆	隸書	楷書

자원해설

손(又)으로 돌(石)을 들고 있는 모양을 본뜬 글자인데, 石이 소리부호의 역할까지 하므로 회의겸형성자라고 할 수 있다. 고대중국어에서 石과 度는 독음이 유사하였다. 손으로 돌을 들어 무게를 가늠해보는 모습을 통하여 '헤아리다', '길고 짧음을 헤아리는 기준' 등의 의미를 나타냈고, '기준'이라는 의미가 인신되어 '법제', '법도' 등의 의미가 있게 되었다.

활용단어

도량(度量) 도외시(度外視) 정도(程度)
제도(制度) 태도(態度) 극도(極度)

❑ 歷(지낼 력{역}; 止 - 총 16획; lì)

甲骨文	金文	戰國文字	小篆	隸書	楷書

자원해설

厤(나무 성글 력)자는 벼와 벼 사이의 간격이 있다는 뜻을 가진 글자로 독음이 '력'이다. 그 사이로 지나간다는 의미를 나타내기 위해 발을 상형한 '止'를 더하여 회의식 상형자를 만들었다. 厤자가 소리부호의 역할을 동시에 하고 있으므로 엄밀히 말하면 회의식 상형겸형성자라고 할 수 있다. 즉 歷은 벼와 벼 사이를 지나가는 발을 본뜬 글자로, '지나가다', '경과하다'는 의미를 나타냈다.

활용단어

역사(歷史)	역임(歷任)	경력(經歷)
이력서(履歷書)	편력(遍歷)	학력(學歷)

❑ 明(밝을 명; 日 - 총 8획; míng)

甲骨文	金文	戰國文字	小篆	隸書	楷書

자원해설

明자는 갑골문에서 기본적으로 두 가지 자형으로 출현한다. 하나는 囧(빛날 경)과 月(달 월)로 이루어진 자형인 이다. 囧은 본래 창문을 본뜬 글자로 달빛이 창문으로 들어와 '밝다'는 의미를 나타낸 상형식 회의자이다. 다른 하나인 은 의미부호 日(해 일)과 의미부호 月(달 월)로 이루어진 순수회의자이다. 예서단계까지 과 明이 함께 사용되다가, 해서단계부터는 明자만 사용하게 되었다. 예서에서 日을 目으로 교체한 자형이 등장하는데, 이는 자형이 유사하여 目으로 바꿔 쓴 것일 뿐이다.

활용단어

명확(明確) 명백(明白) 명랑(明朗)
투명(透明) 여명(黎明) 명약관화(明若觀火)

❑ 家(집 가; 宀 - 총 10획; jiā)

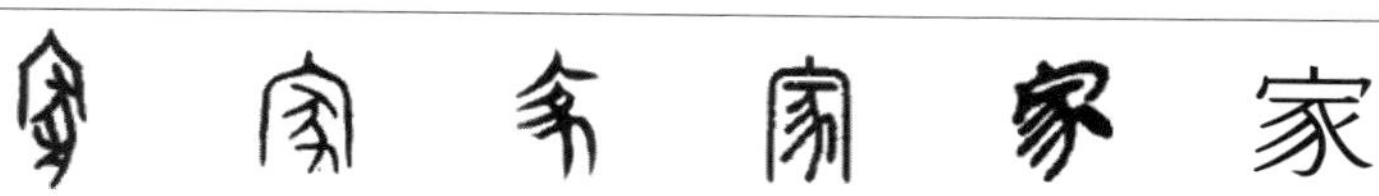

甲骨文	金文	戰國文字	小篆	隷書	楷書

자원해설

단순히 보면 집을 뜻하는 宀(집 면)과 돼지를 뜻하는 豕(돼지 시)로 구성된 글자이다. 그러나 갑골문을 자세히 살펴보면 돼지의 생식기( )가 정확히 묘사되어 있다. 이는 거세하지 않은 수퇘지( )로, 豭(수퇘지 가)의 초기 한자이다. 따라서 家는 의미를 나타내는 宀과 소리를 나타내는 豭로 구성된 형성자(形聲字)임을 알 수 있다. 훗날 서주시기 금문 단계부터 가 일반 돼지인 豕로 변형되면서 지금의 家가 되었다.

활용단어

국가(國家) 가족(家族) 전문가(專門家)
가계(家計) 가옥(家屋) 가정(家庭)

❑ 客(손 객; 宀 - 총 9획; kè)

甲骨文	金文	戰國文字	小篆	隸書	楷書

자원해설

집에 초대한 손님이라는 의미에서 宀(집 면)을 의미부호로, 各(각각 각)을 소리부호로 삼아 결합한 형성자이다.

활용단어

고객(顧客)　　객관적(客觀的)　　객지(客地)
객석(客席)　　승객(乘客)　　주객전도(主客顚倒)

❑ 金(쇠 금; 金 - 총 8획; jīn)

甲骨文	金文	戰國文字	小篆	隸書	楷書

자원해설

金자는 갑골문에서 今과 火로 구성되어 있다. 今은 소리부호로 성부 역할을 하고, 火(불 화)는 청동기물의 주조(鑄造)라는 의미에서 의부로 들어갔다. 금문에서의 은 (呂)와 (今+王)으로 이루졌다. 는 呂자의 고문자인데, 본래 청동기물의 주조(鑄造)에 쓰는 금속덩어리를 본뜬 상형자이고, 의 하단은 王자로 도끼의 날을 본뜬 상형자이다. 따라서 와 은 금속이라는 의미에서 의미부호로 들어갔다. 시간이 지남에 따라 가 의 내부로 들어갔고, 점이나 짧은 필획의 형태로 변형되면서 지금의 金자가 되었다.

활용단어

금속(金屬)	금액(金額)	금융(金融)
임금(賃金)	세금(稅金)	벌금(罰金)

❑ 敎(가르칠 교; 攴 - 총 11획; jiāo)

甲骨文 金文 戰國文字 小篆 隸書 楷書

자원해설

子(아들 자)와 攵(칠 복)으로 구성되어 '매를 들어 자식을 교육하는 모습'을 나타냈다고 여겼다. 그러나 攵(칠 복)은 갑골문에서 손과 관련된 동작을 나타내는 부호로, 실제 매를 때리는 것과는 무관할 가능성이 크다. 즉 가르치는 행위를 강조하기 위하여 攵자가 들어간 것이다. 여기에 다시 소리부호 爻(효 효)를 더하여 형성자가 되었다. 중국이나 일본에서는 孝를 편방으로 하는 教자를 쓰는데, 이는 독음과 뜻이 완벽히 일치하는 이체자(異體字)이며, 爻가 변형되어 孝가 된 것은 소리부호를 의식하여 孝(효도 효)자로 변형시킨 것이다.

활용단어

교수(敎授) 교육(敎育) 교사(敎師)
교훈(敎訓) 종교(宗敎) 교학상장(敎學相長)

❑ 歌(노래 가; 欠 - 총 14획; gē)

甲骨文	金文	戰國文字	小篆	隸書	楷書

자원해설

본래는 의미부호 言(말씀 언)과 소리부호 可(옳을 가)로 구성된 형성자이다. '말하는 행위'가 입을 벌리고 소리를 내는 것이기 때문에 言자가 歌의 의미부호가 될 수 있었다. 전국문자인 은 言 대신 音(소리 음)이 의미부호로 들어가 있다. 소전에서 欠(하품 흠)이 의미부호로 대체되는데, (欠의 갑골문) 역시 입을 벌리고 공기를 배출하는 모습을 본뜬 글자로서 歌의 의미부호가 될 수 있었다. 소리부호인 可는 可가 중첩되어 만들어진 哥(노래 가)로 대체되었다.

활용단어

가수(歌手)	교가(校歌)	군가(軍歌)
가요(歌謠)	국가(國歌)	가사(歌詞)

❑ 看(볼 간; 目 - 총 9획; kàn)

甲骨文	金文	戰國文字	小篆	隸書	楷書

자원해설

『설문해자』에서는 看을 手(손 수)와 目(눈 목)으로 이루어진 회의자로 보았다. 아마도 사람이 햇빛 아래에서 보다 잘 보기 위해 손으로 이마를 가리고 보는 행위와 관련이 있을 거라고 추측한 것 같다. 그러나 보다 이른 시기의 금문 자형을 보면, 소리부호 㫃(깃발이 나부끼는 모양 언)과 의미부호 目으로 이루어진 단순한 형성자임을 알 수 있다. 㫃과 看은 고대 중국어에서 서로 발음이 유사했다. 깃발을 본뜬 이 점차 으로 변형되었고, 나중에는 소전 단계의 (手)와 모양이 유사한 이유로 자형의 일부분이 동화(同化)되어 지금의 看자가 되었다.

활용단어

간주(看做) 간과(看過) 간호사(看護師)
주마간산(走馬看山) 간병인(看病人) 간수(看守)

❑ 剛(굳셀 강; 刀 - 총 10획; gāng)

甲骨文	金文	戰國文字	小篆	隸書	楷書

자원해설

의미요소인 刀(칼 도)와 소리요소인 网(그물 망)으로 구성된 형성자이다. 刀가 '굳세다'는 뜻을 나타낸다. 금문에서 그물 아래에 山(뫼 산)자를 추가하여 岡(산등성이 강)자가 되었는데, 이로써 소리부호가 网에서 岡으로 바뀌었다.

활용단어

강경(剛勁/强勁/强硬)　강건(剛健)　강퍅(剛愎)
외유내강(外柔內剛)　강단(剛斷)　강직(剛直)

❑ 居(있을 거; 尸 - 총 8획; jū)

甲骨文	金文	戰國文字	小篆	隸書	楷書

자원해설

尸(주검 시)가 의미부호, 古(옛 고)가 소리부호인 형성자이다. 居의 의미부호인 尸자는 사람이 웅크리고 앉아 있는 모습을 본뜬 글자인데, '시체'라는 의미는 춘추시기 『좌전(左傳)』에서부터 쓰이기 시작하며, 이러한 의미는 후대에 가차되거나 인신되어 생성된 것으로 추정된다. 居의 본래 의미는 후기자인 踞(웅크릴 거)에 남아있으며, '쪼그리고 앉다', '기대어 앉다' 등의 의미에서 '거주하다'라는 의미로 인신되었다.

활용단어

거처(居處)　　거주지(居住地)　　은거(隱居)
거류(居留)　　점거(占居)　　거안사위(居安思危)

❑ 恐(두려울 공; 心 - 총 10획; kǒng)

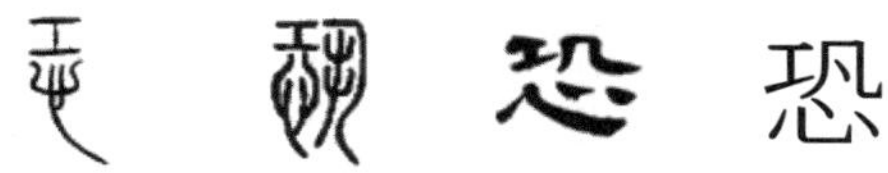

甲骨文	金文	戰國文字	小篆	隸書	楷書

자원해설

본래 소리부호인 工과 의미부호인 心으로 이루어진 형성자이다. 보통 사람의 심리와 관련이 있는 단어를 표기하는 한자들은 모두 心(마음 심)을 의미부호로 삼는데, 예를 들면 志(뜻 지), 恭(공손할 공), 怒(성낼 노), 慙(부끄러울 참), 惰(게으를 타) 등이 있다. 소리부호인 工이 소전 단계부터 巩(안을 공)으로 바뀌어 지금의 恐자가 되었다.

활용단어

공황(恐慌) 공포(恐怖) 공갈(恐喝)
공처가(恐妻家) 가공(可恐) 황공(惶恐)

❑ 舊(옛 구; 臼 - 총 18획; jiù)

甲骨文	金文	戰國文字	小篆	隸書	楷書

자원해설

萑(수리부엉이 환)과 臼(절구 구)로 이루어진 형성자이다. 萑은 의미를 나타내고 臼는 발음을 나타낸다. 舊의 본래 의미는 수리부엉이인데, 가차되어 '옛날'을 뜻하는 단어로 쓰이자 훗날 새로운 형성자 鵂(수리부엉이 휴)를 만들었다.

활용단어

구면(舊面) 구관(舊官) 구태(舊態)
친구(親舊) 수구(守舊) 송구영신(送舊迎新)

❑ 軍(군사 군; 車 - 총 9획; jūn)

甲骨文	金文	戰國文字	小篆	隸書	楷書

자원해설

車(수레 차)와 勹(旬, 勻의 本字)으로 이루어진 형성자이다. 車(전차)는 의미를, 勹(운)은 발음을 나타낸다.

활용단어

군대(軍隊)　군사(軍事)　군함(軍艦)
군기(軍紀)　적군(敵軍)　철군(撤軍)

❏ 貴(귀할 귀; 貝 - 총 12획; guì)

甲骨文	金文	戰國文字	小篆	隸書	楷書

자원해설

소리부호인 臾(잠깐 유)와 의미부호 貝(조개 패)로 이루어진 형성자이다. 臾와 貴는 발음이 유사하여 臾가 貴의 소리부호가 될 수 있었다. 貴의 본래 의미는 '재화의 가치가 높다'로서, 賤(천할 천)과 상반되는 의미인데, 貴와 賤 모두 의미가 인신되어 '사람의 지위가 높다(貴)', '사람의 지위가 낮다(賤)'라는 의미를 갖게 되었다. 위에서 언급된 遺자와 마찬가지로 자형이 와변(訛變)되어 지금의 貴자가 되었다.

활용단어

귀중(貴重) 귀족(貴族) 귀빈(貴賓)
귀천(貴賤) 희귀(稀貴) 부귀영화(富貴榮華)

❑ 歸(돌아갈 귀; 止 - 총 18획; guī)

甲骨文	金文	戰國文字	小篆	隸書	楷書

자원해설

갑골문을 보면 𠂤(師)와 帚(비 추)로 이루어져 있는데, 갑골문에서 歸는 주로 군대가 정벌을 나갔다가 복귀하는 것을 의미한다. 따라서 歸의 본의를 고려할 때, 𠂤(師)는 의미부호, 帚는 소리부호로 볼 수 있을 것이다. 帚와 歸는 발음상 고대중국어에서 자음(子音)은 서로 유사하지만, 모음(母音)은 조금 거리가 있다. 그러나 갑골문에서 帚자를 써서 {歸}를 표기하는 예가 상당히 많은 것으로 볼 때, 歸자의 구성성분인 帚가 소리부호로 작용할 수 있다는 설은 충분히 성립할 수 있을 것이다. 금문 단계에서 '돌아가다'는 의미를 강조하기 위해 행보를 나타내는 부호인 彳, 辵(辶) 등을 추가하였고, 나중에 辵(辶)을 생략한 止로 대체하면서 지금의 歸자가 되었다.

활용단어

귀환(歸還)	귀추(歸趨)	귀결(歸結)
귀의(歸依)	귀착(歸着)	귀소본능(歸巢本能)

❏ 難(어려울 난; 隹 - 총 19획; nán)

甲骨文	金文	戰國文字	小篆	隸書	楷書

자원해설

難은 漢의 소리부호인 𦰩과 의미부호 隹(새 추)로 이루어진 형성자이다. 難은 본래 특정 종류의 새를 의미했는데, 가차하여 '어렵다', '화환(禍患)' 등의 의미로 쓰였다. 고문헌에서 難자가 '새'라는 뜻으로 쓰인 용례가 없어서 어떤 새를 뜻했는지는 지금 알 수 없다. 소전단계에서 隹를 鳥로 바꾸었는데, 이는 鷄/雞자처럼 유사한 의미의 편방을 교체하여 쓴 경우로 볼 수 있다. 지금은 원래 자형대로 難을 사용한다.

활용단어

난관(難關)	난삽(難澁)	난제(難題)
난감(難堪)	험난(險難)	재난(災難)

□ 到(이를 도; 刀 - 총 8획; dào)

甲骨文	金文	戰國文字	小篆	隸書	楷書

자원해설

至(이를 지)와 刀(칼 도)로 구성된 형성자이다. 至는 화살이 지면에 도달한 모양을 본뜬 글자로 본래 의미는 '도달하다'이다. 到에서 刂(刀)는 소리부호이다.

활용단어

도착(到着) 도달(到達) 도처(到處)
도래(到來) 당도(當到) 주도면밀(周到綿密)

❑ 道(길 도; 辵 - 총13획; dào)

甲骨文	金文	戰國文字	小篆	隸書	楷書

자원해설

道자는 금문시기부터 출현하는데, 의미부호인 辵(行+止)과 소리부호 首로 이루어진 형성자이다. 고대중국어에서 首와 道는 독음이 유사하였다. 行은 사거리를 본뜬 상형자로 본래 '길'을 뜻하였고, 止는 발을 본뜬 상형자로 '가다'는 동사를 나타냈었다. 道는 본래 '사람이 다니는 길'이라는 뜻이었는데, 인신되어 '길', '방법', '규율' 등의 의미가 나왔다. '이끌다'는 뜻을 가진 導는 道에 이끄는 손을 의미하는 又를 더하여 만든 글자로, 又가 寸으로 와변되어 지금의 導가 되었다.

활용단어

도로(道路)	도덕(道德)	도의(道義)
궤도(軌道)	철도(鐵道)	임중도원(任重道遠)

❑ 都(도읍 도; 邑 - 총12획; dū,dōu)

甲骨文	金文	戰國文字	小篆	隸書	楷書

자원해설

의미부호인 邑(고을 읍)과 소리부호인 者(놈 자)로 구성된 형성자이다. 고대중국어에서 者와 都는 독음이 유사하였다. 都는『석명(釋名)』에서 "국성(國城)을 都라 한다. 都는 임금이 거주하는 곳이며, 사람들이 많이 모여 사는 곳이다(國城曰都. 都者, 國君所居, 人所都會也.)"라고 하였는데, 대도시를 도회지(都會地)라고 하는 이유가 바로 여기에 있다.

활용단어

도시(都市) 도읍(都邑) 도회지(都會地)
도매상(都賣商) 도대체(都大體) 천도(遷都)

❑ 路(길 로{노}; 足 - 총 13획; lù)

甲骨文	金文	戰國文字	小篆	隸書	楷書

자원해설

의미부호 足(발 족)과 의미부호이자 소리부호인 各(각각 각)으로 이루어진 회의겸형성자이다. 各은 사람의 발(夂)이 '움집 안' 또는 '추상적인 공간'으로 들어오는 모양을 본뜬 글자로 '도달하다', '오다'는 뜻을 나타낸 글자이다. 足과 各을 합하여 '사람이 다니는 길'이라는 뜻을 나타냈다. 路자는 전국문자 단계에서 足이 유사한 의미부호인 辵으로 교체되었고, 다시 足으로 교체되면서 지금의 路자가 되었다.

활용단어

노선(路線)	도로(道路)	애로(隘路)
경로(經路)	항로(航路)	노요지마력(路遙知馬力)

❑ 理(다스릴 리; 玉 - 총 11획; lǐ)

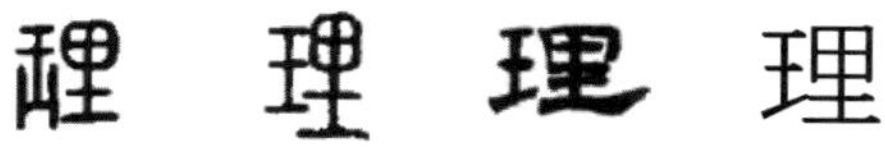

甲骨文	金文	戰國文字	小篆	隷書	楷書

자원해설

의미부호인 玉(옥 옥)과 소리부호인 里(마을 리)로 이루어진 형성자이다. 『설문해자(說文解字)』에 "理는 옥을 다듬다는 뜻이다(理治玉也)." 라고 하여, 理의 본래 의미를 알 수 있다. '옥을 다듬다'는 의미가 인신되어, 정리(整理), 치리(治理), 요리(料理), 조리(條理), 도리(道理) 등의 의미가 나왔다.

활용단어

이해(理解)	이치(理致)	이론(理論)
이사(理事)	관리(管理)	처리(處理)

❑ 零(떨어질 령{영}; 雨 - 총 13획; líng)

甲骨文	金文	戰國文字	小篆	隷書	楷書

자원해설

零은 의미부호인 雨(비 우)와 소리부호인 令(영 령)으로 이루어진 형성자이다. 본래 의미는 '비가 조용히 내리다'는 뜻인데, 인신되어 '떨어지다', '흩어지다', '죽다' 등의 의미가 생성되었다.

활용단어

영세(零細)　　영락(零落)　　영점(零點)

❑ 靈(신령 령{영}; 雨 - 총 24획; líng)
　霝(비올 령{영}; 雨 - 총 17획; líng)

甲骨文	金文	戰國文字	小篆	隸書	楷書

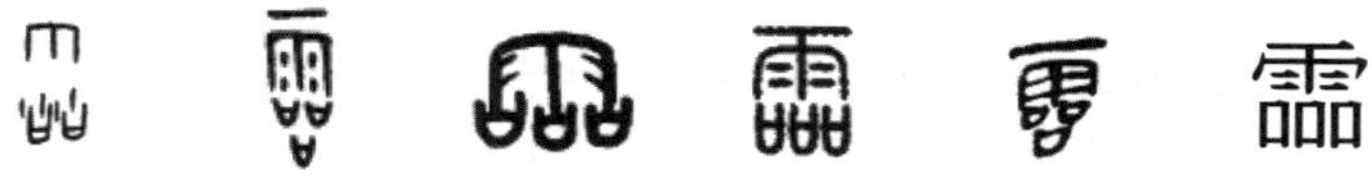

甲骨文	金文	戰國文字	小篆	隸書	楷書

자원해설

靈은 의미부호인 巫(무당 무)와 소리부호 霝(비올 령)으로 이루어진 형성자이다. 금문을 보면 示(보일 시)와 霝으로 이루어져있는데, 示는 제사와 관련된 모든 글자에 들어가는 의미부호이다. 나중에 와변(訛變)되어 전국문자 단계에서 玉으로 변하였고, 소전단계에서 巫자로 교체되면서 지금의 靈자가 되었다. 靈자의 소리부호인 霝(비올 령)자는 雨와 여러 개의 口로 이루어진 글자로, '비'+'많다'는 의미를 결합하여 '비가 내리다'는 뜻을 나타냈다.

활용단어

영혼(靈魂)	영감(靈感)	영약(靈藥)
망령(妄靈)	위령(慰靈)	만물지영장(萬物之靈長)

참고문헌

김현철·김시연·김태은, 『중국어학입문』, 학고방, 서울, 2019년
문명대, 「울산의 선사시대 암벽각화」, 『문화재』7호, 1973년
소배성 저, 이규갑 역, 『現代漢字學』, 학고방, 서울, 2007년
신지영, 『말소리의 이해』, 한국문화사, 서울, 2004년
아쯔지 데쯔지 저, 심경호 역, 『漢字學–『說文解字』의 세계』, 이화문화사, 서울, 1996년
앨버틴 가우어, 강동일 역, 『문자의 역사』, 도서출판 새날, 서울, 1995년
이규갑, 『漢字學教程』, 차이나하우스, 서울, 2015년
이규갑, 『한자의 즐거움』, 차이나하우스, 서울, 2016년
이승률, 『죽간·목간·백서, 중국 고대 간백자료의 세계 I』, 예문서원, 서울, 2013년
최영애, 『한자학강의』, 통나무, 서울, 2000년

季旭昇, 『說文新證』, 福建人民出版社, 福州, 2010年
裘錫圭, 「說字小記」, 『裘錫圭學術文集(金文及其他古文字卷)』, 復旦大學出版社, 上海, 2012年
裘錫圭, 『文字學概要(修訂本)』, 商務印書館, 北京, 2015年
唐蘭, 『中國文字學』, 上海古籍出版社, 上海, 2004年
杜清雨, 「甲骨文"气"字構形試析」, 復旦大學出土文獻與古文字研究中心網站, 2014年 4月 3日 發佈(http://www.gwz.fudan.edu.cn/Web/Show/2248)
吕叔湘, 「漢語文的特點和當前的語文問題」, 『語文近著』, 上海, 上海教育出版社, 1987年
劉釗, 『古文字構形學(修訂本)』, 福建人民出版社, 福州, 2016年
李學勤 主編, 『字源』, 天津古籍出版社, 天津, 2012年
于省吾 主編, 『甲骨文字詁林』, 中華書局, 北京, 1999年
陳劍, 「說安字」, 『甲骨金文考釋論集』, 線裝書局, 北京, 2007年
許慎, 『說文解字』, 中華書局, 北京, 2006年

한겨레 기사, '반구대 암각화의 슬픔'
(http://www.hani.co.kr/arti/culture/culture_general/599859.html)

百度百科(https://baike.baidu.com)

김 혁

고려대학교와 연세대학교에서 학사와 석사를 마치고, 2016년 중국 상하이 푸단대학(復旦大學) 출토문헌고문자연구센터(出土文獻與古文字研究中心)에서 고문자학(古文字學) 전공으로 박사학위를 받았다. 강원대, 경희대, 고려대, 연세대 등 다수 대학에서 중문과 전공강의를 하였고, 지금은 국립 경상대학교 중어중문학과 교수로 재직하며 중국고대문자, 갑골학 연구, 한자의 이해 등을 강의하고 있다. 갑골문, 금문, 전국문자 등 고문자 자형을 분석하고 고석(考釋)하는 작업을 하고 있으며, 앞으로도 중국 고문자에 대한 체계적인 연구를 지속해나갈 것이다.

주요 논문으로는「釋甲骨文中的 "[illegible](衝)"」,「甲骨文 '[illegible]'과 '[illegible]' 두 글자에 대한 새로운 考釋」,「甲骨文에 출현하는 '[illegible]', '[illegible]' 두 글자에 대한 新釋」,「A Study on Character Form and Sentence Samples of '*Yu*(御)' in Oracle Bone Inscriptions」 등이 있다.

한자, 그것이 알고 싶다

초판 1쇄 발행 _ 2020년 12월 31일
1판 2쇄 발행 _ 2021년 10월 18일
1판 3쇄 발행 _ 2024년 2월 20일

저　　자 · 김 혁
발 행 인 · 정 현 걸
발　　행 · 신 아 사
인　　쇄 · 대명프린팅
출판등록 · 1956년 1월 5일 (제9-52호)
주　　소 · 서울시 은평구 통일로 59길 4(2F)
전　　화 · 02)382-6411 · 팩스 02)382-6401
홈페이지 · www.shinasa.co.kr
E-MAIL · shinasa@daum.net

ISBN 979-11-91158-06-9 (93720)

정가 15,000원